Heiko Hansen

MOTIVDYNAMIKEN IM SPORT

Persönliches Ergebnis von

_____

Datum: _____

Bibliografische Information der Deutschen Nationalbibliothek:
Die Deutsche Nationalbibliothek verzeichnet diese Publikation in der Deutschen Nationalbibliografie;
detaillierte bibliografische Daten sind im Internet über http://dnb.dnb.de abrufbar.

© 2019 Heiko Hansen

Herstellung und Verlag: BoD – Books on Demand, Norderstedt

ISBN: 978-3-7431-9486-1

EINSCHÄTZUNG **MOTIVDYNAMIK**

Zuerst und bevor Sie weiterlesen schätzen Sie bitte 108 Motive spontan und zügig ein.

1 heißt: Trifft auf mich überhaupt nicht zu.
6 heißt: Stimmt zu 100% auf mich zu.

Die Zahl bitte in das graue Feld eintragen.

Es fällt nicht immer leicht, ehrlich zu sich selbst zu sein, versuchen Sie es trotzdem. Umso genauer und objektiver wird Ihr Motiv-Profil. Dabei gibt es kein schlechtes, nur ein persönliches Profil und Selbstwahrnehmung.

Meine Motiveinschätzungen:

#	
1	Ich mag es gerne harmonisch und partnerschaftlich.
2	Ich brauche das Gefühl, etwas aktiv für die Mannschaft zu tun.
3	Ich bin clever und eigne mir gerne Wissen an. Wissen ist Macht.
4	Negatives kann ich gut in Positives umdeuten.
5	Ich habe eine gewisse Sehnsucht nach Vertrauen anderer.
6	Ich reagiere schnell zornig und fluche, wenn etwas nicht gleich funktioniert oder wenn ich in einer schwierigen Situation bin.
7	Gefühlen kann man nicht trauen. Eine sachliche Betrachtung und Beobachtung ist besser und vernünftiger.
8	Erfahrungen sind mir wichtiger als der Erfolg.
9	Menschen sollten etwas Besonders an sich haben und sein. Man sollte zur Elite (Profis) gehören.
10	Projekte sind für mich oft wichtiger als Menschen. Mein Tag ist mit vielen Aktivitäten verplant.
11	Ich mag einen harten Kampf und Herausforderungen. Das reizt mich.
12	Oft unterdrücke ich meinen Ärger. Neige dann zu trotzigem und passivem Verhalten.

13	Erfolge, Status und Belohnungen haben durchaus einen Stellenwert in meinem Leben.
14	Ich kann nur schwer Nein sagen, und halse mir oft zu viel auf.
15	Unter Stress reagiere ich beunruhigt und zweifle. Dann sieht alles für mich kompliziert aus.
16	Bin manchmal von mir selbst und meiner Leistung sehr enttäuscht. Ich versuche oft, mich selbst besser zu verstehen.
17	Ich bekomme, was ich möchte und erledige die Dinge gern auf meine Weise.
18	Ich brauche Freiraum und liebe die Ruhe/Einsamkeit, um nachzudenken und eigene Energien aufzutanken. Ziehe mich deswegen gerne zurück.
19	Oft erahne ich, was in anderen vorgeht, bevor sie es aussprechen.
20	Sie sind gern mal theatralisch-dramatisch im Verhalten (Diva) und beschäftigen sich viel mit dem eigenen Sein/Identität als Sportler.
21	Ich habe gerne Spaß im Leben und vermeide Schmerz und Langeweile.
22	Ich habe oft und gerne Recht.
23	Auch im Urlaub bleibe ich richtig aktiv und zielorientiert.
24	Ich sage gerne "Ja, aber ..."
25	Ich bin neugierig, an vielen Dingen interessiert und abenteuerlustig.
26	Ich finde es schwierig, das Gute im Fehlenden (etwas was ich nicht habe, aber als Potenzial / Können gerne hätte) zu sehen.
27	Sie mögen es im Mittelpunkt Ihrer Mannschaft zustehen. Dafür können Sie gut schmeicheln und sanft manipulieren, um zu bekommen, was Sie gerne möchten.
28	Sie stellen viele (unangenehme) Fragen. Sie hinterfragen alles. Kreuzverhöre sind Ihr Metier. Klopfen alles auf den wahren Inhalt ab.
29	Gerechtigkeit, Fairness, Respekt und Wahrheit lebe ich und sind mir sehr wichtig.
30	Die Wirklichkeit oder Menschen empfinde ich oft als aufdringlich. Ich mag kein distanzloses Verhalten.
31	Es fällt mir leicht Nein zu sagen.
32	Manche sagen, ich wäre träge und man muss mich anschubsen bzw. motivieren.
33	Im ersten Kontakt zu Menschen bin ich eher zurückhaltend und abwartend.

34	Alleinsein ist für mich schwierig. Ich bin nicht gerne allein.
35	Ihre latent misstrauische Grundhaltung macht Sie unsicher und zögerlich.
36	Schwächen geben Sie ungern zu. Man muss im Leben immer stark sein und sich wehren können.
37	Das Leben hat etwas Schicksalhaftes (Romantik).
38	Ich bin ein sehr guter Ratgeber, Supporter und Zuhörer.
39	Ich beantworte Fragen meist knapp und präzise, ohne viele Worte.
40	Ich bin ein guter und aktiver Vermittler, weil Harmonie und Ruhe im Team wichtig sind.
41	Ich bin ein Perfektionist und mache ungern Fehler. Will alles richtig machen, und dass es richtig und ordentlich gemacht wird.
42	Führungspersonen (Kapitäne/Trainer) sollten mit hohen fachlichen, moralischen und sozialen Kompetenzen ausgestattet sein, sonst verlieren sie bei mir an Autorität und Respekt.
43	Sie haben viele Interessen und sind in vielen Projekten aktiv.
44	Man muss nicht alles planen. Vieles regelt sich von allein.
45	In schwierigen und sehr kritischen Situationen wirken sie kalt, unpersönlich und erhöhen den Druck.
46	Ich vergleiche mich oft mit Anderen (Neid). Das Eigene erscheint mir dann eher blass. Ich habe dann den Eindruck, dass mir etwas Wichtiges fehlt, was andere haben.
47	Ich treffe meine Entscheidungen gerne selbst.
48	Im Allgemeinen gehe ich den Weg des geringsten Widerstandes.
49	Ich bin ein sehr guter Beobachter und denke gerne lange über Dinge nach, ohne sie umsetzen zu wollen.
50	Ich bin guter Kritiker. Mir fällt schnell auf, was falsch ist und nicht in Ordnung ist.
51	Ich werde wütend und taktlos, wenn ich auf Unfähigkeiten stoße, die den Erfolg gefährden.
52	Ich kann nur schwer meine Bedürfnisse nach außen vertreten.
53	Ich bin geizig im Umgang mit Menschen und in der Kommunikation. Ich bin lieber allein als mit anderen Menschen zusammen. Oberflächliche Konversation langweilt mich.
54	Ich werde schnell dominant, aggressiv und impulsiv, um Bedrohliches abzuwehren. Man muss sich in der Welt durchsetzen.

55	Ich denke gerne über mein Leben (Arbeit, Beziehung, Freundschaft etc.), manchmal auch sorgenvoll, nach. Wie es perfekter sein könnte.
56	Ich bin zuverlässig, loyal und sicherheitsorientiert.
57	Andere sagen, ich sei oft unsensibel, zu aufbrausend und zu direkt.
58	Ich mag Routinehandlungen und Gewohnheiten.
59	Ich mag Kompetenz, Produktivität und Effizienz.
60	Ich werde gebraucht. Die anderen sind auf meine Hilfe angewiesen.
61	Vergeltung ist für sie ein Thema, wenn sie verletzt werden oder hintergangen wurden.
62	Ich träume in schlechten Zeiten von einer besseren Welt.
63	Man sollte an etwas Besonderem arbeiten. Mit Kreativität und besonderen Fachleuten.
64	Sie denken gerne über Verbesserungen, Optimierungen und Reformen nach.
65	Ich kann unter komplizierten Gegebenheiten gut planen.
66	Sie bevorzugen vertraute Situationen und verabscheuen ein Umfeld mit großen, überschwänglichen Emotionen.
67	Es ist gut, wenn es ruhig und langsamer zugeht.
68	Ich passe mich oft an.
69	Andere sagen, ich rede schnell.
70	Ich bin sehr gerne kreativ, künstlerisch tätig, suche darin mein Selbst.
71	Sie verfügen über eine große Sensibilität und fühlen sich von Schönheit, Sexualität, Tod, Intensität und Melancholie angezogen.
72	Ich bin manchmal ängstlich und wage es nicht aus Normen auszubrechen.
73	Ich drücke meinen Ärger sofort aus. Manchmal wirkt es zerstörerisch, da ich mich nicht mehr zurückhalten kann.
74	Die Welt gehört den Erfolgreichen. Leistung und sich Vorwärtsbewegen sind sehr wichtig.
75	Sie beobachten gerne und können gut schweigen.
76	Ich habe ein Problem mich selbst zu behaupten und eigene Motivationen zu entwickeln.
77	Für ein positives Image und Prestige unternehme ich viel. Ich bin schätze Menschen mit einem positiven Image.
78	Ich provoziere gerne. Auch um zu sehen, wie stark der andere ist.

79	Deins ist deins. Meins ist meins.
80	Ich stelle meine eigenen Bedürfnisse schnell zurück, wenn jemand meine Hilfe braucht.
81	Sie sind ein ausgesprochenes und loyales Teammitglied.
82	Sie sind ein Minimalist und können mit sehr Wenigem überleben. Weniger vereinfacht alles.
83	Ich finde es nicht schlimm, wenn man mal zu spät kommt oder Zusagen nicht ganz einhält.
84	Eine Führungsperson sollte machtvoll, dominant sein und sein Territorium kontrollieren.
85	Ich bin schnell ungeduldig und nehme die Sache lieber selber in die Hand.
86	Typisch ist für mich ein kritischer Verstand und ich zweifle zunächst und oft.
87	Ich schwanke in meiner Meinung und bin für 180 Grad Kehrtwendungen berühmt.
88	Sie neigen in Diskussionen zu Machtkämpfen, wer Recht hat.
89	Ich mag Konkurrenzsituationen, gehe ihnen nicht aus dem Weg, sondern nehme sie an.
90	Ich brauche meine Freiheiten und kann Begrenzungen nur schwer ertragen.
91	Sie registrieren genau, wer ihnen Anerkennung und Dankbarkeit entgegenbringt und wer nicht.
92	Ihr Redestil ist oft belehrend.
93	Probleme werden von mir ausschließlich sachlich und nicht emotional gelöst.
94	Ich grüble gerne und fürchte mich vor einem Misserfolg. Male mir die Gefahren aus. Ich brauche Mut und Gewissheit.
95	Den Gegebenheiten sollte man sich gut und schnell anpassen.
96	Es scheint ja noch Zeit zu sein. Warum jetzt handeln? Warten wir noch ab.
97	Auf Kritik reagiere ich empfindsam, denn ich habe s ja nur gut gemeint.
98	Ich vermisse, was ich nicht habe und schätze weniger, was ich im Moment habe.
99	Sie tendieren dazu, sich von Emotionen abzukoppeln. Sie schätzen Gefühlskontrolle.

100	Sie fühlen sich sehr wohl, wenn im Team viel zwischenmenschlich interagiert wird und sie zu ihren Kollegen eine emotionale Beziehung aufnehmen können.
101	In Konflikten können Sie sehr nachtragend sein und Schweigen bzw. soziale Kontakte als Waffe einsetzen.
102	Ich habe viele Freunde und Bekannte. Mir fällt es leicht, Kontakte zu knüpfen.
103	Sie konzentrieren sich im Grunde lieber auf die Arbeit als auf ihre Partnerschaft.
104	Wenn ich den Raum betrete, nimmt man mich sofort als eine starke Persönlichkeit wahr.
105	Ich vermeide auffälliges, abweichendes Verhalten.
106	Ich mag Symbole und Rituale.
107	Kleine Unwahrheiten sind erlaubt, um sein Ziel zu erreichen.
108	Ich bin ein Optimist und schmiede gerne Zukunftspläne, um keine Möglichkeiten und Chancen zu verpassen. Das Leben ist so spannend.

Herzlichen Dank!

WICHTIGER HINWEIS ZUR AUSWERTUNG

Sehr gerne können Sie unter
www.mentaldynamic.info/md-tests/med-motiv-testauswertungen/
eine **Exceldatei** downloaden, die Ihnen bei der Fragebogenauswertung behilflich ist inkl. Diagrammen.

Die Datei unterliegt einem Copyright und darf an Dritte nicht weitergegeben werden.

Oder Sie werten Ihre Einschätzungen per Hand auf den nachfolgenden Seiten aus.

Es gibt bei Ihren Einschätzungen kein richtig und kein falsch, sondern ein Ergebnis Ihrer Selbst und Ihrer motivationalen Erstdynamik. Das Leben und jeder Mensch birgt Chancen, Potenziale, Erfahrungen und Entwicklungen in sich. Stärken wie Schwächen. Jedes Mentalitätsergebnis hat seine eigenen Talente. Verfälschungen, so-wäre-ich-gerne-Bewertungen, aber auch eine zu niedrige oder zu hohe Bewertung, verändern die Auswertungen.

AUSWERTUNG 1

Bitte tragen Sie hier die Ergebnisse Ihrer Bewertungen ein.

Mentalität 1 / **Der INDIVIDUALIST**

9	16	20	26	37	46	62	63	70	71	98	106	Gesamt

Mentalität 2 / **Der MACHER**

2	14	19	27	34	38	60	68	80	91	97	100	Gesamt

Mentalität 3 / **Der TEAMPLAYER**

10	13	23	45	51	59	74	77	85	89	95	107	Gesamt

Mentalität 4 / **Der PERFEKTIONIST**

6	22	33	41	42	50	55	64	79	88	92	103	Gesamt

Mentalität 5 / **Der KONSTANTE**

1	12	32	40	44	48	52	58	67	76	87	96	Gesamt

Mentalität 6 / **Der FIGHTER**

11	17	29	36	47	54	57	61	73	78	84	104	Gesamt

Mentalität 7 / **Der INNOVATIVE**

4	8	21	25	31	43	65	69	83	90	102	108	Gesamt

Mentalität 8 / **Der LOYALE**

5	15	24	28	35	56	72	84	86	94	101	105	Gesamt

Mentalität 9 / **Der STRATEGE**

3	7	18	30	39	49	53	66	75	82	93	99	Gesamt

RANGFOLGE

MENTALITÄTEN

1. mit dem höchsten Wert: _____ / ____ Punkte
2. mit dem zweithöchsten Wert: _____ / ____ Punkte
3. mit dem niedrigsten Wert: _____ / ____ Punkte

MOTIVE

1. BEZIEHUNGSMOTIV

1 – INDIVIDUALIST	2 – MACHER	3 – TEAMPLAYER	GESAMT-PUNKTZAHL

2. DOMINANZMOTIV

4 – PERFEKTIONIST	5 – KONSTANTE	6 – FIGHTER	GESAMT-PUNKTZAHL

3. ERKENNTNISMOTIV

7 – INNOVATIVE	8 – LOYALE	9 – STRATEGE	GESAMT-PUNKTZAHL

REGULATIONSSTRATEGIEN (Steuerung/Führung)

1. REFORMEN

1 – INDIVIDUALIST	4 – PERFEKTIONIST	7 – INNOVATIVE	GESAMT-PUNKTZAHL

2. ÜBERENTWICKLUNG / ÜBERSTEIGERUNG

3 – TEAMPLAYER	6 – FIGHTER	9 – STRATEGE	GESAMT-PUNKTZAHL

3. BLOCKIERUNG

2 – MACHER	5 – KONSTANTE	8 – LOYALE	GESAMT-PUNKTZAHL

NOTIZEN

DIAGRAMME

Sollten Sie die Exceldatei zur Auswertung genutzt haben, dann können Sie auf den folgenden beiden Seiten Ihre Diagramme einkleben!

MENTALITÄTEN 1 - 9

MOTIVE

REGULATIONSSTRATEGIEN (Steuerung, Führung)

Selbsterkenntnisse

Ich möchte Ihnen die folgenden sechs Schritte für eine gewinnbringende und innovative Entwicklung ans Herz legen.

1.
Nachdem Sie sich Ihr Testergebnis und die theoretischen Motiv-PRO9-Ansätze in Ruhe studiert haben, lesen Sie sich als Erstes das Profil zu Ihrem Hauptcharakter intensiv durch. Unterstreichen/Kreuzen Sie unbedingt die wichtigsten Eigenschaften und notieren Sie gegebenenfalls Fragen und wichtige Gedanken.

2.
Beim zweiten Durchlesen Ihres Hauptcharakters beantworten Sie dabei folgende Fragen:

a. Was erreichen Sie mir diesem Charakterprofil und welche Bedeutung hat er für Ihren Führungsstil und Konfliktverhalten?
b. Was bedeutet dieser Charakter für Ihre aktuelle Situation?
c. Welche Stärken und Schwächen sehen Sie in diesem Charakter?
d. Worin sollten Sie sich weiterentwickeln?
e. Was wäre der erste und zweite Schritt?

Notieren Sie sich Ihre Antworten auf einem separaten Bogen.

3.
Lesen Sie sich nun den zweitstärksten Charakter durch und beantworten Sie wie in 2. die gleichen Fragen.

4.
Wenn Ihr Haupt- und Zweitcharakter miteinander agieren, welche weiteren Möglichkeiten und Stärken entstehen hieraus? Was gewinnen Sie durch die Zusammenarbeit persönlich für Ihr Führungs- und Konfliktverhalten?

5.
Was möchten Sie konkret verändern?

6.
Was wäre der erste konkrete Schritt? Welches der zweite bzw. dritte Schritt?

Wichtige Ergebnisse: **Selbsterkenntnis und Auswertungsgespräch**

"Der Mensch ist dem Wesen sein Schicksal."

(Heraklit)

Die kleine **Geschichte von dem Wunsch einer Eichel** mag Sie auf das Spiel der Charaktere und Emotionen Ihrer Kleinen und von Ihnen selbst einstimmen:

„Es war einmal eine schöne, perfekte Eichel. Sie war gerade von ihrem Baum gefallen und war auf der Suche nach einem schönen Platz, wo sie ihre Wurzeln in die Erde schlagen könnte, um eine schöne Eiche zu werden. Da begegnete sie einem Redwood-Baum. Das sind die riesigen Bäume, die über 2000 Jahre alt werden und über 100 Meter hoch sind. Die Eichel war fasziniert von der Erscheinung und beschloss, auch ein Redwood-Baum zu werden. Sie ging zu einem Trainer, um zu lernen, ein Redwood-Baum zu werden.

Der Trainer freute sich über den neuen Kunden und machte mit der Eichel alle möglichen Übungen. Er gab der Eichel Bücher zu lesen und Tonbänder zu hören und Videos zu sehen. Ihre Titel waren: „Das positive Denken von Redwood-Bäumen!" „Berühmte Redwood-Bäume und ihre Geschichte" „Das Glück, ein Redwood-Baum zu sein" usw. Der Trainer empfahl der Eichel auch den Umgang mit Redwood-Bäumen und so kam es, dass die Eichel in der Nähe der Redwood-Bäume einen Platz fand, den sie für sich ideal ansah, um ihre Wurzeln in den Boden zu senken.

Was ist wohl aus dieser Eichel geworden? Ein Redwood-Baum? Natürlich nicht: Es wurde eine Eiche daraus. Eine schöne, starke Eiche – aber eine unglückliche, unsichere Eiche voller Minderwertigkeitskomplexe, denn sie vergleicht sich noch heute mit einem Redwood-Baum. (Quelle: Martens/Kuhl, Die Kunst der Selbstmotivierung).

- Was ist Ihre Erfolgsstrategie?
- Wem eifern Sie nach? Wer ist Ihr (falsches) Vorbild?
- Ist Ihr Selbstbild für Erfolg authentisch?
- Möchte Ihr Trainer (oder ein anderer), dass Sie eine Spielposition einnehmen, welche nicht die Ihrige ist?

Das MOTIVDYNAMIK SPORT - SYSTEM

Es gibt unterschiedliche Persönlichkeitstests und Charaktermodelle. Manche ähneln sich. MOTIVDYNAMIK SPORT wurde aus wissenschaftlichen Motivationsmodellen sowie aus dem philosophischen Charaktermodell des Enneagramms, das weltweit Menschen millionenfach bekannt ist und geschätzt wird, entwickelt. Erkenntnisse der Neurobiologie und der humanistischen, positiven Psychologie sind in das MOTIVDYNAMIK SPORT System eingeflossen.

Unter Mentalität (Charakter) verstehen wir habituelle Denk- und Verhaltensmuster. Das Wort stammt aus dem Griechischen und heißt übersetzt „Prägung". In der Psychoanalyse bezeichnet es einen Typus im Erleben und Verhalten sowie ein individuelles Muster von vorherrschenden Abwehrmechanismen. So sprechen wir von neurotischen, narzisstischen, schizoiden, depressiven, zwanghaften und hysterischen Mentalitäten.

„Charakterstärke kennzeichnet die ausgereifte Persönlichkeit, d.h. die durch Entwicklungsstörungen weitgehend unbeeinträchtigte psychische Verfassung eines Individuums. Von Ich-Stärke (Ich-Reife) wird in der Psychoanalyse dann gesprochen, wenn die Ich-Funktionen (u.a. Wahrnehmen, Denken, Handeln) zwischen den Triebimpulsen des Es und den Normen des Über-Ichs sich so zu kontrollieren und auszugleichen vermögen, dass – allgemein gesagt – die Liebes- und Arbeitsfähigkeit des Menschen erhalten sind? (besser: bleibt). Der Gegenbegriff ist die Ich-Schwäche, die durch psychodynamische Entwicklungsstörungen und Anpassungsstörungen bedingt ist und aus Sicht der Psychoanalyse ein wichtiges Kennzeichen der Neurose bildet. Es wird angenommen, dass durch starre oder unter Belastung versagende Abwehrmechanismen die volle Breite des Erlebens eingeengt wird, insofern eine „Bewusstseinsminderung" eintritt, und allgemein die Bildung von neurotischen Symptomen gefördert wird. Diese Minderung des Bewusstseins kann als konkrete Auswirkung der verschiedenen Abwehrmechanismen (s.o.) angesehen werden." (Zitat aus Wikipedia).

Typische Mentalitätsstrukturen bilden sich bereits in der frühen Kindheit stabil heraus. Wir sprechen von „Typisch Du!", wenn sich Muster und emotionale Reaktionen stabilisiert haben und sich in bestimmten Situationen unbewusst sofort zeigen.

Unser Schutzmechanismus zeigt sich in einer typisierten Mentalitätssprache. Sie zeigt sich als eine Strategie, um uns möglichst gut an unsere Umgebung anzupassen und Kraft für wirkungsvolle Handlungen zu geben.

Dabei kombinieren und nutzen wir **weltweit drei grundlegende Motivationsstrategien**:

- die Machtmotivation,
  auch als Dominanz- oder Bauchintelligenz bekannt,

- die Leistungsmotivation
  mit Erkenntnis- und Kopfstrategien

- die Anschlussmotivation
  inkl. Beziehungs- und Herzstrategien.

Die drei Basismotivationen sollten im Erleben möglichst ausgeglichen sein und sinnvoll miteinander harmonieren. Menschen, die alle drei Strategien positiv anwenden können, sind bei ihren Mitmenschen sehr beliebt und gelten als selbstsicher, selbstbewusst, vermitteln das tiefe Gefühl von Vertrauen und Selbstvertrauen. Sie haben ein hohes Selbstwertgefühl. Sie sind authentische und gute Problemlöser, weil sie aktiv zuhören, verstehen, sich gut in Menschen einfühlen können. Ihre sozialen und emotionalen Kompetenzen sind gut trainiert. Daher sind sie auch umsichtige und treffsichere Entscheider. Sie können geben und nehmen. Sie setzen sich als Führungspersonen für ihre Mitarbeiter ein und setzen Erhalt von Arbeitsplätzen vor den schnellen, egoistischen Gewinn. Sie suchen und finden einen balancierten Ausgleich von Gewinn, gutem Betriebsklima und kreativen Erneuerungen. Sie können führen, weil sie das eigene und andere Selbst und seine Mentalitätsmuster wertschätzen, anerkennen und positiv respektieren, ohne in zu tolerantes und falsches Vorvertrauen zu verfallen. Sie erkennen auch das Schlechte und verweisen es in seine Schranken. Sie sind konsequent.

Sind wir mit einer bestimmten oder mehreren Strategien sehr erfolgreich, beschließen wir, sie zu wiederholen, z.B. wütend zu werden oder dem Anderen Vorwürfe machen, wenn ich mich ärgere. Dadurch verschaffe ich mir Raum, Distanz, Zeit für weitere Aktionen, hier durch Einschüchterung. Bei entsprechendem Erfolg mit unseren gewählten Bauch-, Herz- oder Kopfaktionen bündeln wir unsere Aufmerksamkeit auf eine ganz spezielle und kraftvolle Weise, die wir in ihrer Gesamtheit als Mentalitäts(-muster) bezeichnen.

In einem meiner Seminare sagte ein Teilnehmer: „Herr Hansen, wenn ich mir die drei Motivationen (Energien) betrachte, dann könnten wir doch am ehesten ohne Kopf leben. Oder?" Ich antwortete: „Dann machen Sie das mal." Ihm wurde schnell klar, dass das nicht möglich ist. Ich brauche alle drei möglichst gut trainierten Strategien, u.a. in Kombination mit Emotionen und Lebenserfahrungen, um zu überleben, damit meine Schutz- und Aktionsmechanismen optimal funktionieren. Sie geben uns ein hohes Maß an Sicherheit und Stimulanz. Sie unterstützen uns in unseren Charakterstrukturen. In positiven wie negativen Charaktermustern. Darüber entscheide letztendlich auf meinem Lebensweg. Bei einem entsprechenden, wahrgenommenen bzw. decodierten Wiederholungstakt, sagen die Menschen: „Typisch Du."

Persönliche Ziele und wie sehr jeder Mensch für sich und in seiner Selbstverantwortung diese verfolgt, geben jedem die Chance for a Change - auch wenn die vorgeburtlichen, genetischen Entwicklungen ungünstig und/oder die erlebten elterlichen Trainingsprogramme und emotionalen Bindungen schwierig bis schändlich waren.

Auf Basis der drei motivationalen Welten, der individuellen Kindheitserfahrungen in den ersten fünf Lebensjahren und drei Erziehungs-, Regulations-, Führungsstrategien können neun Charaktere und wie sie sich im Sport zeigen, sehr detailliert dargestellt werden: Motive, Basisemotionen, sportliche Antriebe und Ausrichtungen, die gebildeten kulturellen, familiären sowie eigenen Werten/Glaubenssätzen, und emotionalen Belastungen und Druckverhalten. Interessanterweise ähnelt der Führungsstil samt Stressverhalten enorm einem Elternteil. Wer ist es bei Ihnen?

Darüber hinaus ist es möglich, die Entwicklungsziele und -wege definieren. Oder welche Schritte für die Mentalitätsstruktur negativ sind und nicht zu empfehlen sind.

<u>Bestandteile charakterlicher Gewohnheiten (Typ/Individualität) sind:</u>

- Emotionale Muster
- Meine Gedanken- und Verhaltensmuster
- Mein Stil, Beziehung zu anderen Menschen zu gestalten und zu kommunizieren
- Meine drei Grundmotivationen (Anschluss, Macht und Leistung)
- Idealisierung, Werte und Glaubenssätze

Philosophische Annahmen und Ziele

Die philosophische Grundlage ist ein humanistisches Leitbild. MOTIVDYNAMIK SPORT ist kein System mit festzementierten neun Schubladen (Mentalitäts-, Charaktermustern), das nur einordnen will. Sondern es zeigt auf, was zurzeit für mich motivierend und auch in Mustern typisch ist, zeigt die Hintergründe auf und gibt Hinweise, wie ich es verändern kann. Es will verstehen, nicht be- und verurteilen. Es will die Chancen aufzeigen und mögliche Entwicklungspotenziale.

Darum geht es:

- Das Erkennen eigener Stärken, Potenziale, Ressourcen, Möglichkeiten und Schwächen.
- Verständnis und Empathie für mich und meine Mitmenschen entwickeln. Andersartigkeiten und „Fremdes" verstehen anstatt zu (ver)-urteilen.
- Menschen in ihren hintergründigen Wesenszügen erkennen.
- Veränderung der eigenen inneren Haltung durch Konzentration auf das „Wie" statt auf das Festhalten am „Was", nach dem Motto: „Ich bin so und ich bleibe so! Verändere Du Dich. Stelle Dich auf mich ein." Effizienter ist es, sich selbstkritisch zu hinterfragen, wie ich mich verändern kann, was muss ich dafür tun, um z.B. meine Wutreaktion besser zu kontrollieren, was kommt zuerst und was folgt danach bis ich die gewünschte Veränderung erreicht habe.
- Menschen desselben Typs haben die gleiche Lebenseinstellung. Sie verfolgen die Welt mit ähnlichen Augen. Abweichungen innerhalb eines Charaktertyps sind aber möglich. Sie erklären sich aus den differenten Facetten des persönlichen Lebenswegs, u.a. Lebenserfahrungen, persönliche Reife, kulturelle Werte, intro- oder extrovertierte Neigung, Verarbeitung von Belastungen, Freunde/Peer-Groups und Führungsstile.
- Suche nach nutzbaren Alternativen.
- Meine Beobachtungsgabe, Bewertungskriterien und die Nutzung der eigenen Sinne zu schärfen.
- Eigene Emotionen zu managen.
- Unterschiede in einem Team/Mannschaft oder Partnerschaft sollten als Stärke und Chance für ein gutes Miteinander aufgefasst werden.

Aus drei Motivationslinien werden neun Mentalitäten

Die nach aktueller Wissenschaft drei zentralen menschlichen Motivationen sind nach McClelland:

- Anschluss & Beziehung (Fühlen/Gruppe/"Herzmenschen")
- Macht & Dominanz (Handeln/"Bauchmenschen")
- Leistung & Erkenntnisse (Denken/Wissen/"Kopfmenschen")

Sie bilden im MOTIVDYNAMIK SPORT – System zugleich die **drei Motivbasen nach McClelland**. Sie sind zentrale, natürliche Lebensstrategien des Menschen, auf die wir täglich zurückgreifen. Insbesondere könnten wir ohne Herzenergie und berührenden Beziehungen nicht überleben. Ein Baby ohne Kontakt stirbt. Kinder und Erwachsene sterben ohne Bindungen vor allem seelisch.

Wofür stehen die drei Motivationslinien? Was repräsentieren sie?

Die Anschlussmotivation bzw. die Beziehungslinie (Leidenschaften)
steht für die Überlebensstrategie: Es überlebt, wer sich anpassen kann. Durch die soziale Gruppe.

- Entwickelt Selbstvertrauen
- Lieblingsemotionen: Freude und Trauer
- Respekt, Wertschätzung, sich unterstützen
- Familie, Mannschaft/Team, Gruppe, Freunde, sich ergänzen in den Stärken und Fähigkeiten
- Vertrauen
- Support im Miteinander, Herz und Leidenschaft zeigen und gegenseitige Hilfe

Die Leistungsmotivation bzw. die Erkenntnislinie
steht für die Überlebensstrategie: Es überlebt, wer aus Erfahrungen durch Erkenntnisse aus Klugheit, Wissen und Weisheit lernt.

- Entwickelt Selbstbewusstsein
- Lieblingsemotionen: Angst und Scham
- Wissen ist Macht
- Pläne, Strategie, Taktik
- Erkenntnisse – die Dinge vollständig erkennen und begreifen

- Erfahrungen auswerten und abspeichern
- Hinterfragen und Neugierde + Forschung und Innovation
- In der Natur überlebt vor allem der schlaue, nicht nur wer muskulär stark ist. David und Goliath.
- Wer hat die beste Antwort auf eine Fragestellung

Die Machtmotivation bzw. die Dominanzlinie
steht für die Überlebensstrategie: Es überlebt, wer sich durchsetzen kann, durch Stärke.
- Entwickelt Selbstsicherheit
- Lieblingsemotionen: Wut und Ekel
- Handeln statt Starre
- Aus der Stärke agieren
- Sich durchsetzen und körperliche Fitness
- Situationen beherrschen und kontrollieren.

Jede Linie entwickelt drei Mentalitäten (Charaktere). Die Mentalitätsbildung wurde vorwiegend im Kindesalter mit **drei Not-, Regulationsstrategien** geformt und gelenkt. Die Notstrategien sind eine Reaktion auf Lebensumstände und/oder auf elterliches Verhalten, das als schwierig und unverständlich erlebt wurde, teilweise sogar als bedrohlich. Die „gefundene" Regulationsstrategie ist im Kern und letztendlich eine mehr oder weniger resiliente Überlebens- und Problemlösungsstrategie, die das Kind in der Erfahrung entwickelt und angewandt hat. Meistens behält der Mensch diese und ohne große Veränderung ein Leben lang bei – es formt seine Mentalität führend mit. Eltern haben die Entwicklung des Kindes durch eine einseitige Betonung blockiert, umfunktioniert (umgeleitet) oder erzieherische Aspekte überentwickelt, sprich überbetont. Das gleiche gilt für das Verhältnis und die Ausrichtung von Trainer und Sportler.

Bei der **reformierten, umfunktionierten Regulations-, Notstrategie** verfolgten Eltern/Trainer eine enge Grenzsetzung, d.h. die Motivationslinie wurde in ihrer Richtung umgekehrt und auf die eigene Person gewendet, z.B. das Kind hat durch klare kulturelle Vorgaben gelernt, die eigene Leistungs- und Handlungsmotivation zu stark zu kontrollieren (das macht man nicht!). Der erhobene Zeigefinger wird zum Erinnerungssymbol für die Selbststeuerung – initiiert durch Fremdsteuerung. Die Fremdsteuerung bewirkte die Reform bzw. eine Umfunktion der Basismotivation, z.B. die Beziehungsmotivation (Familienstruktur) konnte nicht erfüllt werden und wurde durch eine Erkenntnismotivation in Richtung „Lösung/Plan" aktiviert: Hier kannst du nicht bleiben und wir wissen was für dich gut ist, z.B. Pflegefamilie gesteuert. So kann die Beziehungsmotivation nicht vertrauensvoll erlebt werden und wird durch die Erkenntnismotivation „erdacht/bedacht" und gesteuert.

Die drei *reformierten, umfunktionierten* Mentalitäten sind:
- der Individualist (Typ M1)
  Es gab keine bzw. instabile Familienstrukturen, z.B. durch Scheidung. Andere haben bestimmt bei wem man aufwächst (Großeltern, Pflegefamilien etc.). Anerkennung durch künstlerischen Ausdruck.

- der Perfektionist (Typ M4)
  Man durfte keine Fehler machen. Sich den kulturellen Gepflogenheiten unbedingt anpassen. Nicht auffallen, sich kontrollieren. Anerkennung durch keine Fehler machen. Die „1" im Zeugnis.

- der Innovative (Typ M7)
  Die Fremdbestimmung ergab sich durch eine chronische Krankheit eines Familienmitglieds, auf den man Rücksicht nehmen musste und somit unfreiwillig im Mittelpunkt stand. Das Leben als Krankheit. Anerkennung durch gezeigte Lebensfreude, Lust auf was Neues und Optimismus.

Bei der **blockierten Regulations-, Notstrategie** ist die priorisierte Motivationslinie mehr oder minder gebremst (blockiert). Das EGO/ICH erreicht damit zum einen das Verschwinden und die Ausblendung der empfundenen Notsituation aus dem Bewusstsein und zum anderen wird das entsprechende Motiv wenig genutzt und aktiviert.

Die Eltern bewirken eine Blockierung und Nichtförderung der Ursprungsenergie, z.B. die Anschlussmotivation (Familienstruktur) konnte nicht erfüllt werden und wurde durch eine Machtmotivation (produziere, male etwas Wertvolles und kein Krickel-Krackel-Bild) gesteuert. So kann die Anschlussmotivation nicht per se erlebt werden, sondern muss durch eine Handlung erarbeitet werden. Diese Kinder sind auch als Erwachsene davon getrieben, durch Leistung und Sympathie Anerkennung zu bekommen.

Sie stellt die innere vertikale Linie dar. Alle drei Mentalitäten repräsentieren drei zentrale Eigenschaften für das menschliche Zusammenleben: den Erfolg und die Wahrheit (Typ M2), die Zufriedenheit (Typ M5) und Loyalität und Vertrauen (Typ M8).

Die drei **blockierten** Mentalitäten sind:
- der Macher (Typ M2)
  Nur gegen eine wertvolle Leistung gab es Anerkennung. Machen, gute Noten, sei reich und erfolgreich. Anerkennung der Beste sein.

- der Konstante (Typ M5)
  Die Handlungsmotivation wurde durch Verwöhnung oder Nichtbeachtung blockiert. Es entwickelte sich eine innere Trägheit. Anerkennung durch ruhig und friedlich sein und unauffälliges funktionieren. Agiert passiv statt aggressiv.

- der Loyale (Typ M8)
  Man kann zumindest einem Elternteil (Menschen) nicht vertrauen. Kein Sicherheitsempfinden – man empfindet sich benutzt. Anerkennung nur bei loyalem Verhalten.

Bei der **überentwickelten Regulations-, Notstrategie** ist die priorisierte Motivationslinie überentwickelt, zu stark gefördert und ausgeprägt. Ich besetze mein Inneres und Überzeugungen zu einseitig (z.B. meine Emotionen, meinen Fokus). Die Motivationslinie führt quasi allein Regie und lässt andere Motiveinflüsse wenig zu.

Die drei **überentwickelten** Mentalitäten sind:
- der Teamplayer (Typ M3)
  Eltern haben sehr stark das Nettsein und das für einander Dasein thematisiert. Anerkennung durch das helfen.

- der Fighter (Typ M6)
  Eltern haben das stark sein in den Mittelpunkt allen Handelns gestellt. Anerkennung durch sich durchsetzen, der Stärkste zu sein.

- der Stratege (Typ M9)
  Zu hohe Emotionalität in der Familie. Die Reizüberflutung bewirkt eine Priorisierung in eine erkenntnisorientiert Leistungsstrategie, um zu überleben verfolge ich meinen eigenen Plan, meine eigene Taktik. Ruhe vor anderen durch Bücher und Fantasien.

Sinn und Nutzen der neun Mentalitäten im Sport

Alle neun Mentalitäts-, Charaktermuster sind mehr oder weniger ausgeprägt in uns aktiv am Werke und nutzbar. Jeder dieser Charaktere ist Experte in seiner Art und Weise des Überlebens und Überzeugungen. Jede Strategie ist in sich nützlich, ressourcevoll, leidenschaftlich, emotional und sinnvoll. Im Sinne eines Individualisten ist es wichtig zu wissen, aus welcher Familie/Kultur man kommt und wer man ist und was man kann (Identität und Potenziale). Das gilt auch für Vereine, z.B. Bayern München und „Mia san mia!" Im Sinne eines Fighters ist es wichtig, kämpfen und sich durchsetzen zu können. Im Sinne eines Loyalen ist es wichtig zu wissen, wem und auf welcher Basis man Mitmenschen und Mitspielern/Trainern vertrauen kann und dass man ein verlässliches Team ist, wenn sich jeder an Absprachen oder taktischen Vorgaben/Aufgaben hält.

Unsere Mentalität ist uns zur „normalen" Gewohnheit geworden. Sie ist weitgehend automatisiert („Ich kann eben nicht aus meiner Haut"). Da jeder MOTIV SPORT/PRO9-Charakter für sich zu eindimensional ist, stehen die Mentalitäten miteinander in Verbindung und unterstützen sich in der Entwicklung. Manche beeinflussen sich direkt, weil sie sich nahestehen oder aus einer Linienfamilie kommen. Andere sind etwas weiter entfernt und kommen nur über einen anderen Charakterzug miteinander in Verbindung.

Wer in den neun Mentalitätsmustern ausgeglichen ist und in diesen positiv agieren kann, hat einen Riesenvorteil. Man hat wesentlich mehr Möglichkeiten in diversen Situationen gekonnt zu agieren. Es gibt kein besser sein als der Andere, sondern der Lebenstrick liegt im miteinander agieren der neun Charaktere. Das ist das Ziel eines charakter-orientierten Teambuildings, einer talententfaltenden Pädagogik und mentalstärkenden Erziehung/ Trainings.

Im Gesamten macht die Erstellung eines Team-, Mannschafts-, Familienprofil enormen Sinn. Es lassen sich die Dynamiken und Muster sehr gut analysieren und die mentalen Talente lebendig strukturieren und ressourcevoll einsetzen.

Weitere Einflussfaktoren

Man sollte innerhalb jeder Mentalität die persönlichen Präferenzen wie introvertiert vs. extrovertiert sowie zwischen Nähe vs. Distanz berücksichtigen.

Die drei Dimensionen nach C. G. Jung sind für die Interpretation interessant:

- **Extroversion vs. Introversion,**

- sinnesspezifische vs. intuitive Informationsaufnahme (Wahrnehmung) und
- eine analytische vs. gefühlsmäßige Bewertung der Informationsaufnahme.

Da jede angelegte wahrgenommene und gespeicherte Erfahrung und Schlussfolgerungen mit mehr oder weniger starken Emotionen kombiniert wird, beeinflussen sie prägend die Motivationslinien und jede Mentalität in sich. Die sechs Basisemotionen nach Ekman spielen hier eine führende Rolle.

Weiterer Einflussfaktor ist das individuell unterschiedliche motivationale Bedürfnis nach **Sicherheit und Stimulanz.** Jeder von uns hat eine Motivation nach Sicherheit und ein Bedürfnis stimuliert (innen wie außen) zu werden. Einige gehen behutsamer und geplanter an Aktionen heran und interpretieren eine Aussage genauer, der andere beurteilt die gleiche Aussage nach stimulierenden Reizen, z.B. der ist aber sympathisch, dem glaube ich. Oder die Idee ist so attraktiv, dass mögliche Gefahren ignoriert werden.

Das innere Verhältnis kann je nach Lebens- und Erfolgslage wechseln. Selbst wenn man wenig sicherheitsorientiert ist, gibt es Lebenssituationen in der dieser Punkt eine wichtige Rolle spielt und man stärker darauf achten sollte. Auch zwei Menschen mit dem gleichen Hauptcharakter können dadurch leicht nuancierte Verhaltensweisen und Beurteilungen zeigen, z.B. durch unterschiedliche Überzeugungen im Detail, auch wenn Sie im Kern und im Prozess sich sehr ähneln.

Der Mensch ist einfach (Grundbasen) und kompliziert (Kombination plus Lebenserfahrungen, Trainingsprogramme) zugleich. Das macht das (sportliche) Leben und Spiel der Mentalitäten im Team und für sich so spannend.

Jede Emotion hat eine spezielle Funktion.

Emotionen begleiten unser Leben. Sie geben uns nicht nur die Würze, sondern sorgen für unser Überleben. Durch Freude, Trauer, Wut etc. können wir miteinander kommunizieren, uns motivieren, uns begeistern und bewegen. Sie verbessern enorm unsere Entscheidungsfähigkeit. Wir alle kennen das berühmte Bauchgefühl. Oder Leidenschaften, die unser Herz höherschlagen lassen. Jede Emotion hat ihren Sinn, ihren Nutzen und ihre Aufgabe. Weltweit sprechen wir in allen Kulturen, nach einem weltweiten (besser: international /global / universell/ allgemein anerkannten) Forschungsergebnis von Ekman, eine gemeinsame Emotionssprache (Freude, Trauer, Wut, Angst/Überraschung, Scham und Ekel). Wir können die begleitende Körpersprache und Stimmlagen mühelos interpretieren. Gefühle sollen signalisieren, wie es mir geht, was ich meine, was ich brauche.

Freude (Beziehung)

erleichtert soziale Bindungen. Dadurch bekommen wir Hilfe, stabilisierte Kontakte, Unterstützung. Freude zeigen ist ansteckend, empathisch und hat eine friedliche, entspannende Wirkung. Auswertung und Speicherung von Erfolg und Gelungenem. Antrieb zur Wiederholung.

Trauer (Beziehung)

ist die Schlüsselrolle bei Empathie, Sympathie, altruistisches Verhalten. Zeigt an, dass etwas nicht in Ordnung ist. Reduziert die Geschwindigkeit, um nachdenken zu können. Genaueres Hinsehen bei Enttäuschungen, Versagen. Auswertung und Speicherung von Misserfolg und Misslungenem. Antrieb zur Nichtanwendung und Nichtwiederholung.

Wut (Ärger/Zorn, Dominanz)

mobilisiert Kräfte der Veränderung. Ärger muss nicht mit Aggression einhergehen. Ein ärgerlicher Gesichtsausdruck soll Aggression vermeiden. Steuert Handlungen: Risiko oder Vorsicht, Fein- oder Grobgefühl, aktiv oder passiver.

Ekel (Dominanz)

ist der Schlüsselreiz bei Unsauberkeit und schlechtem Essen. Ekelreaktionen können Sie intensiv bei Entscheidungsprozessen sehen. Wenn Ihr Chef mit der Nase rümpft, weil er hocherfreut über Ihre Trainingsleistungen ist. Entscheidungsmotiv: Schmeckt mir oder schmeckt mir nicht.

Angst/Scham (Erkenntnis)

verstärkt sozial erwünschtes Verhalten. Entsteht in Situationen, die als unangemessen empfunden werden. Lässt einen Mangel empfinden. Motiviert zur Kompetenzerweiterung. Man hält sich an die Taktik und aktiviert Leistungsniveau. Peinliche Leistungen sind nicht erlaubt, wenn das Schamgefühl zu Leistung hoch ist.

Neugier/Überraschung (Erkenntnis)

lässt Gefahrensituationen erahnen/spüren, erkennen und reagieren. Es lässt uns vorsichtiger und genauer hinschauend agieren. Keine Experimente oder eine überraschende Aktion im Momentum. Neue Trainingsmethoden oder das Bewährte.

Überraschung zeigt eine sehr ähnliche Mimik und symbolisiert Neugierde, etwas Neues. Neugierde und Angst stehen offensichtlich dicht beieinander. Diesen Effekt kennen wir aus Therapien. Sobald man sich intensiv mit dem auseinandersetzt, was einen ängstigt und wir eine neue Einstellung, Bewertung vornehmen, verschwindet die Angst.

Emotionale Verhaltensmuster bilden sich sehr schnell und bleiben stabil. Es gibt individuelle Unterschiede im Aktivierungsgrad, Häufigkeit und Intensität, mit der eine bestimmte Emotion in bestimmten Situationen erlebt wird. Um Emotionen hervorzurufen, bedarf es eines Auslösers.

Emotionen sorgen für die Bestätigung, die nötig ist, damit wir weiterdenken und handeln. Dabei haben negative Emotionen einen größeren Einfluss auf das Gehirn als positive.

Beziehungs-/Leidenschaftsmotiv
und
3 Mentalitäten

M1 / Der INDIVIDUALIST

M2 / Der MACHER

M3 / Der TEAMPLAYER

MENTALITÄT 1:
Der INDIVIDUALIST
(Kreative / Regisseur / Besondere)

Mentalität

- **Beziehungsmotiviert** und wurde mit der Erkenntnis-, Leistungsmotivation reformiert.
- **Selbstkonzept/Identität:** „Nur wenn ich originell, etwas Besonderes und kein Mittelmaß (kein 08/15) bin, ich auffalle (Leistung/Strategie/Aussehen), dann bekomme ich Anerkennung (Beziehung/Liebe) und Aufmerksamkeit, dann finde ich meine Mannschaft und gefalle meinem Trainer."
- **Anerkennung:** durch das Besondere und Einmalige.
- **Hauptemotion:** Freude und Trauer / Angst
  Sehr emotional, melancholisch und wechselhaft, auch in den Motivationen: Von Jubel, Euphorie bis zu Tode betrübt / Jammern. Wird schnell wütend, wenn es nicht so läuft wie er es will und sich vorstellt.
- **Grundangst:** Vor dem Durchschnittlichem! Er ist keine billige Kopie! Möchte im Team von allen anerkannt werden, wie er ist, sich gemocht und sicher fühlen. Starke Angst, verlassen zu werden.
- **Anspruch:** Arbeitet hart und tüchtig für den Erfolg, auch wenn andere zurückstehen müssen. Das erwartet er von allen. Zuerst kommt der Erfolg, der Gewinn (Respekt, Geld, Status), das Ziel (Pokal etc), dann der Mensch! So kommt auch die Ökonomie vor der Natur und dem Menschen.
- **Mentale Ressourcen:** Hoch kreativ, intuitiv und können sich sehr gut empathisch wahrnehmen. Können Mitspieler sehr gut motivieren/animieren, nur sich selbst nicht! Sie sind gute Berater.
- **Motivation:** Sie lieben Kreativität, zeigen ihre Individualität, benötigen Freiraum für IHR Spiel (taktisch einplanen), agieren und zeigen sich extravagant. Will Ziele erreichen. Will den Erfolg – ein Star sein!
- **Neid-Falle**, dient aber auch als Leistungsanreiz. Vergleichen sich permanent: Wer hat es besser, wird mehr vom Trainer anerkannt, wer ist sympathischer etc. Ist für dich oder gegen dich! Agiert zu selbstorientiert, -verliebt.
- **Gefahr:** Steckt sich gerne (zu) hohe Ziele und Erwartungen! Und flüchtet in Fantasien und Interpretationen.

- **Mentalitätsziel:** Selbstkonzept / stabile Identität, Innere Balance und Stärken nachhaltig wahrnehmen und einsetzen.
- **Probleme Druck und Kritik auszuhalten** – besser: Mut zusprechen und Stärken erweitern. Mal Weltklasse, dann wieder Kreisklasse, Top oder Flop, Tagesform und Gefühl der Anerkennung entscheidet. Mag es vor Zuschauern zu spielen. Umso mehr, umso besser.
- **Lieblingsspiel/Position:** Kreativ, technisch elegant, gerne mittig, offensiv, ressourcenorientiert, wechselnde Taktiken, auch im Spiel. Mag es, wenn er das Spiel entscheidet. Wenn introvertiert, dann eher Außenposition.
- **Versteht sich primär gut mit** „C4-Perfektionisten" und „C5-Konstante". Wenn er mit einer starken Identität agiert, dann auch mit „C2-Macher" und „C7-Innovative".

Mentale Strategien + Training / Tipps für Trainer

- **Mentale Prägung:** Fehlende Beziehungssicherheit in der Familie/Verein/Mannschaft. Identität sehr wichtig: Wer bin ich und warum? Was kann ich nachhaltig sehr gut (Potenziale)?
- Sehr wichtig: Leistungs- und Selbstidentität etablieren. „Das bin ich!"
- Seine innere Balance finden, indem er u.a. seinen eigenen Stärken nachhaltig vertraut und positiv emotional aktiviert. Am besten selbst aktivieren kann.
- Wettkampflust etablieren.
- Permanent seine Stärken weiterentwickeln.
- Authentisch und selbstsicher agieren: Worte und Handlungen stimmen überein.
- Muss unbedingt sein Spiel spielen (dürfen). Am besten mit Freiraum.
- Muss leidenschaftlich, intuitiv und temperamentvoll im Wettkampf agieren. Sichtbare Akzente setzen dürfen!
- Braucht die Anerkennung seines Trainers, den Führungsspielern und danach von allen. Benötigt unbedingt positiven Zuspruch / Animationen, Anerkennung und eine Absprache, wie er sich entwickeln kann.
- Soll er mannschaftdienlicher spielen, dann muss das Besondere daran kommuniziert werden („Nur er…").
- Mag und spielt auch für Belohnungen und bestdotierte Verträge durch den besten und skurillsten Berater.

- Damit der eigene Erfolg kurz vor Vollendung nicht sabortiert wird, einen Push geben und das Wertvolle herausstellen. Nur die Vollendung zählt!

In mentaler Top-Form

- Spielt sein Können komplett aus / überzeugt,
- besondere Aktionen,
- kämpferisch und positiv energetisch,
- intuitiv und mental stabil,
- ausdrucksvoll - mit Ausstrahlung,
- selbstdiszipliniert,
- humorvoll und wortgewandt,
- strukturiert-ordentlicher-zuverlässiger als sonst, problemlösend
- Identifiziert sich dann 100% mit seiner Aufgabe, Rolle und der Mannschaft/Verein.

Teamplay

- Benötigt Aufmerksamkeit, Bestätigung seines Könnens und Person und braucht positive Stimmungen
- Mannschaft mit viel Herz und das Einmalige zwischen den Mitspielern und allen Beteiligten.
- Mit viel Vertrauen, Freude, Potenzialen, Erfolg.
- Das besondere Knistern! So ein Team wird es nie wieder geben!

Kommunikation

- Mag das Wort „ICH..." und voller Gefühle und Emotionen
- Oft mit Übertreibungen und Dramatik
- Mag kleine Gesten, positive Mimiken und Berührungen, Körperkontakt
- Spricht gerne tiefgründiger über sich, über (dramatische) Lebenserfahrungen, Überzeugungen. Am liebsten unter vier Augen / Freunden oder die es „wert und akzeptiert" sind

Unter Druck

- Frustriert, jammernd, theatralisch und divenartig – kann Verletzungen vortäuschen oder sehr schmerzempfindlich zeigen
- Selbstmitleid, geben schnell auf, beteiligen sich nicht mehr am Spiel, weil sie keinen Zugang zu ihrem Spiel, Talenten, u.a. Intuition, Kreativität, mehr haben,
- Versucht sich selbst zu retten – agiert sehr eigenwillig („Was macht der da!?"), nimmt sich selbst aus dem Spiel,
- Keine mannschaftsdienlichen Aktionen

Mentale Handicaps

- Starke Versagensängste – nicht zu genügen und dadurch nicht anerkannt zu werden
- Geht bis ins Depressive und schwermütigen Handlungen und Denkweisen.
- Wirkt dann arroganter und sturer als sonst schon,
- Falsche Interpretationen (u.a. Eifersucht) – hält manches für wahr, was nicht stimmt.
- Wirkt und lebt abgehobener.
- Wird schnell neidisch, überkritisch und eifersüchtig, wenn er sich als unterlegen erlebt, auch weil er den Zugang zu seinen Potenzialen nicht aktivieren kann bzw. nicht wahrnimmt bzw. wahrnehmen will (bockig-zickig).

Konfliktverhalten und Kritik

- Nehmen Kritik sehr persönlich, reagieren entsprechend sensibel
- Kommt darauf an, ob ihn eine Top-Trainer kritisiert oder ein Nichts, ein Amateur
- Kritik heißt: Ich war nicht gut genug. Es fehlte etwas. Werden dann sehr unsicher.
- Wechselnde Emotionen. Wut-Reaktionen/Drama, jammern/Traurigkeit, nichts sagen/Angst-Unsicherheit.
- Fühlen sich schnell unverstanden. Rebellieren dann sehr schnell. Verweigern sich.

- Sind mit sich selbstkritisch, auch wenn es nach außen nicht gezeigt wird. Schämen sich für schlechte Leistungen und Versagen.
- Die anderen sind Schuld an dem Debakel. Abschieben von Verantwortungen.
- Überreaktion! Gerne wird aus einer Banalität eine große Sache!
- **Tipp:** Fragen stellen, sich interessieren, gemeinsam analysieren und einen Weg der nächsten Schritte aufzeigen, Sicherheit durch Anerkennung (Beziehung + Können) geben, behutsam empathisch vorgehen, aber auch klare Stop-Signal setzen. NIE sagen: Man sei zu überempfindlich oder würde schnell überreagieren!

NOTIZEN

MENTALITÄT 2:
Der MACHER
(Dynamiker / Erfolgssüchtige / Verkäufer)

Mentalität

- **Beziehungsmotiviert** und wurde mit der Dominanz- und Machtmotivation *blockiert*.
- **Selbstkonzept/Identität:** „Ich bin erfolgreich!" „Ich will den Sieg / den Pokal! etc." Das Ergebnis zählt! Glaubt durch Erfolg am besten zu überleben und Bewunderung zu bekommen.
  Anerkennung: durch Leistung, Siege, Geld/materielle Macht und Statussymbole. Will zu den Erfolg-Reichen gehören. Denn die Welt liebt den Sieger! Und der Macher liebt das Prestige!
- **Hauptemotion:** Freude und Wut.
- **Grundangst:** Vor dem Versagen, Misserfolg und daraus resultierender Ablehnung, d.h. deswegen keine Anerkennung zu bekommen. Der Verlierer bekommt nichts.
- **Anspruch:** Arbeitet hart und tüchtig für den Erfolg, auch wenn andere zurückstehen müssen. Das erwartet er von allen. Zuerst kommt der Erfolg, der Gewinn (Respekt, Geld, Status), das Ziel (Pokal etc), dann der Mensch! So kommt auch die Ökonomie vor der Natur und dem Menschen.
- **Identifikation!** Kann sich sehr gut anpassen und schnell die Denkweisen / Vorgaben / Identitäten übernehmen. Heute Bayern München, morgen FC Barcelona.
- **Motivation:** Er will und liebt den Wettkampf: Schneller, höher, weiter! Mag die Dynamik der Macht, um etwas zu bewegen, etwas zu erreichen.
- **Versteht es zu lügen** und die „eigene Wahrheit" wortreich zu schildern und „zu verkaufen!" Gilt auch für Doping, Drogen und Fakes. Macht ja eh jeder! Ist seine Überzeugung.
- **Mentalitätsziel:** Authentizität, Loyalität, Wahrheit und Aufrichtigkeit
- **Burnoutgefahr!** Sind immer in Bewegung. Mögen keine Routine. Stille und Ruhe ist schwierig und langweilig.
- **Lieblingsspiel/Position:** Erfolgreiche Taktik, dynamisch, liebt den Zweikampf, den Fake, das mentale Spiel und den Wettkampf, gerne im Zentrum, kann

verschiedene Spielpositionen und Taktiken erlernen – Hauptsache: Erfolg, in der Stammelf.
- **Versteht sich primär gut mit** „C6-Fighter" und „C7-Innovative". Wenn er authentisch agiert, dann auch mit „C8-Loyale" und „C9-Stratege".

Mentale Strategien + Training / Tipps für Trainer

- **Liebt den Wettkampf, die Konkurrenzsituation.** Eine maximale mentale Herausforderung, ist immer hoch ehrgeizig und leistungsmotiviert. Agiert kämpferisch, fintenreich, auch provokant herausfordernd.
- **Taktik** auf Dynamik, Druck, Gegner beherrschen ausgelegt. Gerne mit einer neuen Finte, mit dem der Gegner nicht rechnet.
  Es zählt und man spielt IMMER die effektivste Taktik: kann entsprechend wechseln – auch im Spiel, sich dem Gegner anpassend. Denn zu allererst kommt: der Erfolg! Man folgt der Taktik, die das am meisten verspricht. Dem ordnen sich alle unter. Auch wenn es einen Spielerwechsel bedeuten sollte.
- Sie lernen von Vorbildern, sind auch Autodidakten und lernen vor allem durch ausprobieren, durch „learning by doing". Sie lernen primär aus Erfahrungen, nicht aus Statistiken und Studien. Diese dienen höchstens als Argumente.
  Als Trainer müssen Sie als Vorbild agieren und einer seine, d.h. Sie müssen erfolgreich gewesen sein und fachlich sehr gut sein. Ein Leader mit Spirit sein.
- Mag Fakes und spielerisch den Gegner seine Schwächen aufzuzeigen – mit erlaubten wie unerlaubten Mittel. Hauptsache, man gewinnt
- Ist sehr zuverlässig und kann seine Ziele organisieren
- Gut ist, was dem Erfolg dient.
- Tipp: Wollen gerne gelobt werden. Mögen Belohnungen / Status – das motiviert sie (Fremdmotivation).
  Feedbacks: Ehrlich, Lösungen aufzeigend mit konkreter Perspektive
  Innere Achtsamkeit (Balance), Drucktraining, Entscheidungstraining und Selbstkritik trainieren.

In mentaler Top-Form

- **Mentale Prägung:** Anerkennung durch Leistung, Erfolg und Image, dann ist man wertvoll.
- Spielt er dynamisch, effektiv, aggressiv wie fantasievoll

- Ist dann authentisch und sehr verantwortungsbewusst, auch für Teammitglieder
- Agiert selbstsicher und wirkungsvoll
- Reißt seine Mitspieler emotional mit – jeder will dabei sein
- Meistens voller Energie und immer engagiert – mag keine Langweile oder Nichtstun

Teamplay

- Akzeptiert Teammitglieder, die den unbedingten Erfolg wollen und sich voll einbringen.
- Will im besten Team spielen: The Best One / Team of Success!
- Agiert zuerst eher fachlich/sachlich. Vermeidet mit Mitspielern tiefe Emotionen, selbst wenn man viel miteinander lacht oder unternimmt. Es wird nur selten tiefgründig und nachdenklich.
- Sie gewinnen Freunde durch den Erfolg. Ein Freundeskreis der Erfolgreichen und Macher!
- Passt sich den Gepflogenheiten und Werten eines Teams/Vereins schnell an. Gibt sie auch schnell ab bzw. nimmt neue an. Wichtig ist der Wert des Erfolgs, nicht der philosophische Wert an sich.
- Erfolg geht vor Einzelschicksale. Agiert jemand zu schwach ist, wird ausgewechselt / spielt nicht. Schon gar nicht in meinem Team
- Sehr ergebnisorientiert und animiert/motiviert jeden mitzumachen
- Pusht sich und die Mitspieler im Wettkampf.
- Führt Inspiration und Transpiration

Kommunikation

- Mag den Satzbeginn „ICH WILL…" oder „Meine Erfolge…/ Das habe ich geschafft…"
- Spricht sehr unterhaltsam, pushend-animierend, mitreißend und leidenschaftlich. Auch propagandistisch und verschönend. Kann sich gut ausdrücken, rausreden, überreden, manipulieren
- Spricht gerne schnell.

- Sind Meister der Täuschung! Kann sich den Worten seines Gegenübers anpassen und dessen Worte verwenden, um etwas zu erreichen oder Vertrauen zu signalisieren, um das Netzwerk aufzubauen.
- Schaut Menschen gerne beim Gespräch an, um zu sehen, ob seine Botschaften ankommen.
- Kann Mitspieler/Menschen miteinander sehr gut vernetzen und managen
- Mag große Gesten und Bewegung in der Körpersprache

Unter Druck

- Lässt sich von Widerständen nicht stoppen – probiert es weiter
- Erhöht den Druck auf andere - legt noch mehr Energie und Tempo rein, damit es klappen wird.
- Negative Gefühle werden in alternative Handlungen kompensiert: „Lasst uns Spaß haben!" Im Handeln liegt die Hoffnung auf Besserung.
- Agiert sehr pragmatisch
- Ein Erfolgserlebnis reicht, um das Spiel zu seinen Gunsten umzubiegen – schnelle Euphorie für das eigene Können
- Wird wütend, auch provokant und sehr ungeduldig. Wenn das ohne Erfolg bleibt, dann geht in eine passive Aggression über inkl. Hinterm Rücken agieren, um doch noch die Wendung herbeizuführen bzw. Rachespitzen zu verteilen
- Kann er den Druck nicht regulieren, dann beginnt er Dinge auszuschieben, werden unentschlossen, hektisch und ineffizient, neigen dann zu Süchten und vernachlässigen sich und andere.

Mentale Handicaps

- Starke Angst zu versagen und keine Anerkennung zu bekommen. Dann nimmt mich keiner wahr bzw. ich bin nur wertvoll, wenn ich siege.
- Sehr ungeduldig und schnell gereizt – gehen schnell in Machtkämpfe oder faken den anderen, u.a. sich rausreden und schönreden. U.U. mit einem Lächeln im ersten Versuch.

- Nutzt auch illegales Doping oder Lügen, wenn dem Erfolg und dem eigenen Vorteil dient. „Der kleine Vorteil."
- Kann Menschen sehr gut manipulieren und beeinflussen
- Im Extremen kann er zwischen Realität und Fantasie nicht mehr unterscheiden und verstrickt sich in ein Lügengebäude.
- Andere brauchen länger, das zu durchschauen, weil er sehr sympathisch und eloquent agiert.
- Wenn nichts mehr geht, kein Erfolg: Antriebslos, ist geschockt, phlegmatisch, deprimiert, innere Leere, deutet Niederlagen in Siege um oder es war nur Glück

Konfliktverhalten und Kritik

- Können Kritik schlecht annehmen. Wollen lieber den Fehler sofort vergessen oder drehen es in Erfolg um – schönreden.
- Kritik am besten mit Verbesserungsvorschlägen - Was stattdessen?
- Mag es überhaupt nicht, wenn seine Leistung nicht anerkannt und gewürdigt wird.
- Bei zu starker Kritik: Hören sie nicht hin, agieren großspurig/eitel, werden hinterlistig, rachsüchtig und werden unaufrichtig bzw. betrügerisch, narzisstisch, andere verachtend, wirkt dann kalt, herzlos, berechnend.
- Diskussionen und Streits können eskalieren und zum Krieg führen, auch mit Teammitgliedern oder dem Trainerstab.
- Versuchen sich zu „verkaufen" und sich herauszuwinden wie ein Aal. Setzen sich in das beste Licht oder sagen, „Das hast falsch verstanden!"
- Teilweise spalten sich Macher von ihren Gefühlen oder Gewissen ab, um die Kritik nicht zu spüren oder das Ziel „gewissenlos" zu erreichen.
- Mag absolut keine Nachlässigkeiten, ineffektive Aktionen und Faulheiten.
- Mag es auch nicht, wenn andere bevorzugt werden. Erst recht nicht, wenn es unverdient ist. Nur aus der Sympathie heraus geschieht. Das erweckt in ihm den Konkurrenzkampf.
- Mögen keine schlechten Nachrichten oder wenn man ihnen etwas verbietet oder sie etwas (Zugesagtes) nicht bekommen.
- Ungerechte Behandlungen

NOTIZEN

MENTALITÄT 3:
Der TEAMPLAYER
(Helfer / Teamsupporter / Organisator)

Mentalität

- **Beziehungsmotiviert** und wurde mit dem gleichen Motiv *überentwickelt*.
- **Selbstkonzept/Identität:** „Ich bin für meine Mitmenschen/Mitspieler da und helfe sehr gerne!"
- **Anerkennung:** durch Hilfe, miteinander kämpfen, das Team stärken und gemeinsam gewinnen, sich gegenseitig pushen.
- **Hauptemotion:** Freude/Trauer und Wut
- **Grundangst:** Keine Anerkennung zu bekommen und kein nützliches Mitglied einer Gruppe zu sein.
- **Anspruch:** Arbeitet hart, fachlich gut, agiert mit hoher Leidenschaft, zuverlässig.
- **Identifikation!** Identifikation für die Gruppe/Familie. Zuerst kommt der Mensch und die Familie. Geben und Nehmen!
- **Motivation:** Er gibt für das Team alles! Ein wichtiger Bestandteil der Mannschaft – spielerisch, kämpferisch und mit seiner Persönlichkeit. Kann sehr gut organisieren und Menschen vernetzen.
- **Mehr Demut, als zu viel Stolz zu zeigen.** Die Mannschaft – das WIR - ist nicht alles. Auch die eigene Entwicklung ist wichtig. Sind in ihrem Stolz verletzt, wenn ihr Hilfsangebot abgelehnt wird.
- **Mentalitätsziel (sich weiterentwickeln):** Selbstverantwortung anderer respektieren, individuellen Freiraum lassen und eigene Bedürfnisse zulassen und erleben.
- **Burnoutgefahr!** Immer in Bewegung. Immer für andere da und das Rund um die Uhr. Kann seine Bedürfnisse nicht leben. Leistungs- und Energiebalance lernen.
- **Lieblingsspiel/Position:** Dynamisch, liebt den Zweikampf, fair, kann verschiedene Positionen spielen und Taktiken erlernen – Hauptsache: Ich werde gebraucht und kann damit der Mannschaft aktiv helfen.
- **Versteht sich primär gut mit** „C6-Fighter" und „C9-Stratege". Aber auch mit „C4-Perfektionist" und „C5-Konstante". Wenn innovativ, dann auch mit „C7 – Der Innovative"

Mentale Strategien + Training / Tipps für Trainer

- **Mentale Prägung:** Nett und für andere da sein! Dafür alles und ohne Tadel geben!
- Loben Sie, insbesondere für seinen unermüdlichen Einsatz.
- Als Berater miteinbinden (Teamspirit/Teamklima)
- Lernen, sich selbst zu loben und eigene Bedürfnisse zu leben. Zeit für sich.

In mentaler Top-Form

- Anpassungsfähig, auch Taktik. Sehr kooperativ
- Spielt mit hohem Energieeinsatz,
- Sehr aktiv und begeisterungsfähig
- Kämpferisch
- Immer das Beste wollend und gebend
- Sehr fokussiert, aufmerksam, konzentriert,
- Bügelt Fehler der Mitspieler aus

Teamplay

- Die Mannschaft ist der Star! Jeder trägt was dazu bei. Keiner ist allein. Sind eine verschworene Gemeinschaft.
- Win-Win-Situationen und Loyalität ist wichtig
- Das Teamklima ist enorm wichtig. Dafür tun sie viel.
- Sind meist lieber Mentor, Berater und Co-Leader als die Kapitänsrolle einzunehmen
- Sind auch Schlichter und Vermittler,
- Agieren auch gerne im Hintergrund. Nehmen so gerne Einfluss. auch die graue Eminenz
- Können manches unbürokratisch regeln

Kommunikation

- Mag lebendige, offene, interagierende und eine gefühlvolle Kommunikation
- Viele WIR-Worte
- Sehr gute Zuhörer und wissen daher auch viel über andere
- Mag körperliche Berührungen und Bewegung in der Körpersprache
- Bewegt die Hand oft in Richtung Herz
- Atmet oft durch bevor er spricht, besonders bei Anspannung

Unter Druck

- Nichtbeachtung und keine Anerkennung zu bekommen, demotiviert ihn
- Wird dann hektisch, macht Fehler und verliert seine Selbstsicherheit
- Nimmt Hilfe und Beratungsangebote anderer nicht gerne an. Ein Helfer, der Hilfe braucht, das ist für ihn sehr schwer zu akzeptieren. „Das schaffe ich allein!", obwohl er ein Teamplayer ist. Widerspruch.
- Stellt im Misserfolg die Schuldfrage, agiert fordernd, herrschsüchtig, reagiert aggressiver
- Manipuliert und kommuniziert über Dritte (Kritik)
- Kann im Notfall auch lügen.

Mentale Handicaps

- Agiert distanzlos, vereinnahmend, weil er IMMER helfen will
- Kann eigene Bedürfnisse nicht leben oder sich selbst loben
- Zu aufopferungsvoll
- Agieren daher viel über Sympathie und stetige Hilfsangebote. Schaffen dadurch Abhängigkeiten!
- Erkennt durch seinen Stolz (als Helfer) eigene Grenzen nicht
- Lernen, Nein zu sagen bzw. die Selbstverantwortung dem anderen zu überlassen

Konfliktverhalten und Kritik

- Mögen keine Konflikte, weil sie Angst vor Zurückweisungen haben.
- Halten manches lieber unter dem Teppich. Sind Meister der Verdrängung.
- Nehmen Kritik persönlich und reagieren sehr sensibel (Habe es ja nur gut gemeint!").
- Lächeln oder sind beschwichtigen (diplomatisch), wenn Fragen zu unfreundlich gestellt werden oder zu kritisch sind
- Verdrängen innere Schmerzen und Probleme. Arbeiten dann noch härter.
- Sie grollen, wenn er nicht bekommt, was er will

NOTIZEN

Dominanz-/Machtmotiv
und
3 Mentalitäten

M4 / Der PERFEKTIONIST

M5 / Der KONSTANTE

M6 / Der FIGHTER

MENTALITÄT 4:
Der PERFEKTIONIST
(Trainer / Reformer / Moralist)

Mentalität

- **Dominanzmotiviert** und wurde mit der Erkenntnis-, Leistungsmotivation reformiert.
- **Selbstkonzept/Identität:** „Ich bin ein Perfektionist."
- **Anerkennung:** durch perfekte Performance/Leistung, Reformen und Wissen und Rechthaben. Will mit Strategie zu den Besten gehören.
- **Hauptemotion:** Neugier/Angst und Wut
- **Grundangst:** Vor Fehlern. Das etwas nicht gelingt und man sich für seine Leistungen schämen muss.
- **Anspruch:** Arbeitet hart und tüchtig für das Gelingen und daraus folgend auch für den Erfolg, welches aus Werten und dem perfekten Handeln entsteht. Hohe Selbstkritik.
- **Identifikation!** Über Werte wie z.B. Pflichten und den Willen sich zu verbessern, auch als Verein/Mannschaft insgesamt.
- **Motivation:** Er will sich ständig verbessern, optimieren, dazulernen und denkt gerne über Reformen nach, die zu mehr Perfektionismus führen. Offen für Forschungen und Wissenstransfer, auch autodidaktisch. Mag den Wettkampf, wenn sich bereit fühlt und sehr gut vorbereitet ist! Mag die Dynamik der Handlungen (Macht) durch Können, um etwas perfekt zu bewegen und zu erreichen.
- **Wird schnell zornig (Der heilige Zorn),** wenn etwas nicht gelingt. Man sich nicht auf Menschen (Zusagen, Verlässlichkeit etc) verlassen kann. und die „eigene Wahrheit" wortreich zu schildern und „zu verkaufen!" Gilt auch für Doping, Drogen und Fakes. Macht ja eh jeder! Ist seine Überzeugung.
- **Mentalitätsziel: Mache es richtig!**
Reformist, Optimierung und Ordnung, Fleiß und Disziplin, Authentizität, Loyalität, Wahrheit/Integrität und Aufrichtigkeit. Hat einen starken Willen!
- **Burnoutgefahr!** Immer perfekt sein zu wollen und aus innerem Motiv/Antrieb regelrecht zu müssen, macht den Perfektionisten übellaunig und zu konzentriert auf Fehlersuche und diese mit Zorn anzusprechen. Erlaubt sich und andere

keine Fehler. Kann sehr fanatisch (Religion/Werte) und pedantisch werden: So ist es richtig! So MUSS man es machen! Keine Toleranz!
Schämt sich für Fehler und Misslungenem. Will es sofort wieder gut machen! Immer in Bewegung. Mag Routine, Stille und Ruhe.

- **Lieblingsspiel/Position:** Abwehr/Sturm.
Vorbildverhalten und optimale, ruhige Vorbereitung auf einen Wettkampf, stetiges Training, perfekte Taktik, Techniken und Können, sehr gute Co-Kapitäne, dynamisch, liebt den Zweikampf, das mentale Spiel und den Wettkampf.

- **Versteht sich primär gut mit** „C9-Stratege". „C6-Fighter" und „C7-Innovative".
Akzeptiert Trainer / Mitspieler nur, wenn sie Fachmänner/-frauen sind und sich voll einbringen. Blender sind schnell unten durch.

Mentale Strategien + Training / Tipps für Trainer

- **Mentale Prägung beachten:** Frühzeitig so erzogen: „Mache es sehr gut! Tue Deine Pflicht! Triebe musst du kontrollieren. Mache alles ordentlich. Bleibe konzentriert. Niemand soll schlecht über dich/uns reden. Keine Peinlichkeiten.
- Er liebt SELBSTVERANTWORTUNG und SELBSTHILFE!
Kann darin Mitspielern und jungen Talenten ein wichtiges Vorbild sein und Motivator sein! Er glaubt vor allem an die innere Selbstmotivierung. Und mag es nicht so sehr von anderen animiert zu werden. Außer, wenn er einen Fehler gemacht hat.
Ein Motiv für Selbsthilfe: Er mag es nicht von anderen abhängig zu sein. Die könnten nicht perfekt sein und/oder eine schlechte Leistung bringen.
- Strebt Vollkommenheit an, auch moralisch und werteorientiert. Agiert mit Überzeugung und übergeordneten Glaubenssystem als Mission-ar!
Der perfekte Mensch/Sportler/Trainer/Verein. Darin begründet sich im Extremen sein Fanatismus.
- Im Feedback immer zuerst das Positive im DETAIL aufzeigen. Statt von Fehlern besser von Verbesserungen, kleinen wichtigen Optimierungen sprechen.
- Definition von Saisonzielen und Optimierungen sehr wichtig inkl. Details und Zeitplan.
- Als Co-Kapitän, Taktiker und reformorientierten Berater aufbauen und einsetzen.

- Sein Vorbildverhalten für die Mannschaft nutzen. Er zeigt MORAL! Vor allem kämpferisch und im Fleiß.
- Innere Gelassenheit und Fehlerakzeptanz lernen. Annahmen aus dem Buddhismus ist philosophisch wertvoll und gut.

In mentaler Top-Form

- Spielt er perfekt und erledigt seine (taktische) Aufgabe perfekt und nachhaltig. Kombinationssicher. Auch z.T. virtuos.
- Vorbildliches, pflichtbewusstes und sehr professionelles Verhalten
- Führt durch Selbiges: Zeige zuerst und stetig deine Leistung, dann kannst du mitreden.
- Trainieren hart und zielorientiert. Verbessern stetig ihre Qualität nach Plan und Zielen.
- Will sich stetig verbessern. Keine Ausreden! Hohe Selbstkritik!
- Strahlt Zuversicht und Gelassenheit aus. Sind humorvoll und zeigen viel Wortwitz!

Teamplay

- Akzeptiert Teammitglieder, die sich 100% einbringen, 100% Einsatz zeigen und stetig Leistung erbringen.
- Sehr zuverlässiges Teammitglied
- Sehr guter Berater für seine Mitspieler und Trainer
- Lob muss man sich verdienen! Wenn der Perfektionist lobt, dann ist es auch ehrlich, wertschätzend und verdient. Oft mit einer kleinen Geste/Mimik, z.B. zustimmendes Kopfnicken. Manchmal ohne Worte
- Jeder bringt sich voll-kommen ein. Bereitet sich 100% vor und bringt zumindest seine Leistungspflicht.
- Erwartung: Selbstkontrolle! Sei streng zu dir selbst!
- Einhaltung von Regeln & Normen / Grenzen.
- Gerechtigkeit: Law & Order!

Kommunikation

- Kommuniziert auf den Punkt.
- Spricht meistens lehrerhaft, weiß es besser und gibt Anweisungen, wie es besser geht. Schnell vorwurfsvoll.
- Oft eher langsamer und bedächtig.
- Mag keine großen und übertriebenen Gesten.
- Detailliert und fachorientiert. Mögen keinen Smalltalk.
- Im Erstkontakt zurückhaltend und prüfend beobachtend. Wirken dadurch schnell unterkühlt, arrogant und unnahbar.

Unter Druck

- Frustriert, verkrampft, wütend über sich und Menschen, auf die man sich nicht verlassen konnte. Ihren Einsatz nicht gebracht haben.
- Zu selbstkritisch, sehr sensibel / feinfühlig im Inneren und grübelnd. Geht hart mich sich und anderen um. Ein Zitat, eine Aufmunterung oder ein guter cleverer Witz kann helfen aus dem Stuck State herauszukommen. Aber auch verdeutlichen und mental trainieren, wie man innere Lockerheit und Zuversicht (statt nur Probleme sehen) mit Leistung und Mentalität verbinden kann.
- Beleidigt sich und auch andere.
- Versteinerte Mimik.
- Verkrampfte, staksige Bewegungen. Kommt immer einen Tick zu spät in die Aktion. Muskelverletzungen drohen.
- Denkt sorgenvoll. Was könnte noch alles passieren? Wie kann ich Fehler vermeiden? Wie denken und agieren die Zuschauer, wenn ich einen Fehler mache? Nur keinen Fehler wiederholen.
- Langwierige Entscheidungsprozesse. Alles wird ganz genau geprüft und jeder Stein wird umgedreht. Grübelgefahr!

Mentale Handicaps

- Wollen es zu perfekt und richtig. Es fehlt dann an der notwendigen Lockerheit. Ist zu fokussiert und schaut mimisch immer sehr ernst bis übellaunig.
- Können nicht über sich selbst lachen.

- Zu missionarisch und fanatisch.
- Entweder-Oder-Denken kann blockieren und innovative Gedanken verhindern. Schwarz-Weiß-Denken!
Positiv: Hilft, sich zu entscheiden und sich zu orientieren, auch für das Team.

Konfliktverhalten und Kritik

- Nehmen Kritik sehr ernst. Oft zunächst missmutig, wenn man sie auf einen Fehler anspricht.
- Mag keine Menschen, die viel reden, viel versprechen und nichts/wenig halten.
- Agieren stur, besserwisserisch, nur nach Plan – keine Innovationen möglich
- Agieren mit Schuldzuweisungen und zeigen jeden Fehler auf. Haben sehr gerne recht.
- Kritisieren sehr gerne. Fehler werden zuerst benannt und einem regelrecht vorgehalten. Erwarten vom Kritisierten Demut und Einsicht als ersten Weg zur Besserung.
- Fairness hilft die Kritik zu zügeln. Ebenso konkrete Fragen.

NOTIZEN

MENTALITÄT 5:
Der KONSTANTE
(Mediator-Ausgleichend / Balance / Systemiker)

Mentalität

- **Dominanzmotiviert** und wurde mit der Beziehungsmotivation *blockiert*.
- **Selbstkonzept/Identität:** „Ich bin konstant, balanciert und friedliebend!"
- **Anerkennung:** durch konstantes Mitglied einer Gemeinschaft, Frieden, harmonische Stabilität / Zufriedenheit, Auftragserfüllung.
- **Hauptemotion:** passive Wut, Freude und Trauer.
- **Grundangst:** vor Konflikten und Ablehnung, zu viel Unruhe und zu hohe Anforderungen/ Erwartungen.
- **Anspruch:** Arbeitet konstant, aber ohne großen Ehrgeiz. Balance liegt auch im Genügen. Harmonie durch Empathie und erwartungsfreie Wertschätzung als Mensch im Da-Sein. Teamplay durch Geben und Nehmen. Motive anderer verstehen.
- **Identifikation!** Kann sich sehr gut anpassen. Kann Vorgaben im Rahmen eines Teams übernehmen. Ideal: Frieden und Balance.
- **Motivation:** Balance in allem. Miteinander statt Überforderung und zu hohe Selbstverantwortungen. Zutrauen motiviert/animiert. Beständigkeit, keine schnellen Wechsel. Können Systeme/Systematiken gut durchschauen und Muster erkennen. Mag Ruhe und Harmonie. Sind sehr intuitiv / empathisch und Natur verbunden.
- **Langsamkeit, Sturheit und Selbstbetäubung, auch mit Drogen etc.** Ebenso behäbiges Agieren bis zum passiven Widerstand. Mögen salomonische Urteile. Ebenso ruhig und gemächlich. Keine schnellen Taktikwechsel und lieber einfach. So kann ihr Sowohl-Als auch-Denken gut umgesetzt werden. Alle sind beteiligt - wie er kann und möchte.
- **Mentalitätsziel:** Leistung in Balance, im Gleichklang sich zu bewegen, das Wesentliche erkennen, zu konzentrieren und ausführen.
- **Trägheit in Entscheidungen! Vermeiden Konflikte!** Können schwer Entscheidungen treffen. Keine Führungspersonen. Überlassen es anderen. Tragen aber die Entscheidung in Frieden mit. Mögen keine schnellen Wechsel von Entscheidungen.

- **Lieblingsspiel/Position:** Mittelfeld/Abwehr. Eher reaktiv und mit körperlich wie mentaler Ausdauer.
- **Versteht sich primär gut mit** „C9-Stratege", C3-Teamplayer und C1-Individualist.

Mentale Strategien + Training / Tipps für Trainer

- **Mentale Prägung:** Verwöhnung oder das Gegenteil „Kein Zutrauen geben!" Folge: die Handlungsebene ist blockiert und oft nicht selbstaktivierend.
- Klare, einfache und aktivierende Aufgabe geben. Mögen Routineaufgaben und Routinen
- Animierend trainieren und in den Wettkampf schicken. Auch im Wettkampf immer wieder aufmuntern und anstacheln.
- Charakterlich: diplomatisch, geduldig, verfolgen Ziele geduldig und konstant
- Kann Muster und Systematiken gut analysieren.
- Buddhistische Geduld und innere Ruhe

In mentaler Top-Form

- Spielen und handeln sie konstant, ausdauernd und zuverlässig
- Ehrgeizig, aktiv und vital. Mit hoher Konstanz und Durchhaltevermögen
- Konzentrieren sich auf eine Sache aktiv und z.T. mit Selbstverantwortung
- Fokussierung auf das Wesentliche, wenn alle anderen nervös sind
- Starker Teamplayer und Supporter

Teamplay

- Akzeptiert alle Teammitglieder, u.a. wg. Frieden, Balance, Harmonie
- Mitläufer, kein Leader
- Sehr gute Assistenten und Co-Trainer mit Gefühl für die Mannschaft und Spieler/Sportler.

Kommunikation

- Mag Small Talks und wenn wertschätzend kommuniziert wird
- Neigung zu ruhiger, weicher, monotoner Stimme. Kann auch laut werden
- Mag keine großen Gesten und Bewegung in der Körpersprache
- Sehr gute Zuhörer
- Mögen keine Respektlosigkeiten oder Beleidigungen

Unter Druck

- Stark passiv bis zur Totalverweigerung / Null-Bock.
- Abwartend und unbeweglich, tw. regelrecht erstarrt oder auch panisch
- Wird langsamer, schieben die Dinge auf und sagt dann sehr wenig / Angst
- Sehen sich gerne als Opfer und Sündenbock
- Orientierungslos, unentschlossen, grüblerisch, vergesslich, kommt zu spät
- Mögen Ab-Urteilungen

Mentale Handicaps

- Entscheidungsträgheit
- Passivität und Sturheit
- Ehrgeiz entwickelt sich spät(er)

Konfliktverhalten und Kritik

- Nehmen Kritik ernst, aber die Korrektur kann dauern.
- Zunächst gerne widersprüchlich, später passiv stur. Mehrere Ermahnungen, Gespräche, aber keine Veränderung

NOTIZEN

MENTALITÄT 6:
Der FIGHTER
(Boss-Kapitän / Richter / Vollender)

Mentalität

- **Dominanzmotiviert** und wurde mit der Dominanzmotivation *überentwickelt*.
- **Selbstkonzept/Identität:** „Ich bin stark! Ich bin ein Fighter!"
- **Anerkennung:** durch kämpferische Leistungen, Siege, Macht und Statussymbole. Will zu den Führenden und Mächtigen gehören.
- **Hauptemotion:** Wut und Ekel
- **Grundangst:** Vor dem Versagen, vor Schwächen, die zu Niederlagen führen. Der Verlierer bekommt nichts und steht in der Hierarchie unten.
- **Anspruch:** Arbeitet und trainiert hart und direkt für den Sieg! Für den Fighting Spirit! Der Stärkste und Mächtigste sein. Herausforderungen bestehen. Kein feiges Verhalten. Alles geben!
- **Identifikation!** Kann sich mit Hierarchien, Werten und starken wie traditionsreichen Vereinen/Trainern identifizieren.
- **Motivation:** Er will und liebt Herausforderungen und den Wettkampf: Sich durchsetzen und gewinnen! Mag die Dynamik der Macht und Provokationen, um etwas zu bewegen, etwas zu erreichen.
- **Gefahr der starken Übertreibungen!** Aus alles wird ein Wettkampf oder eine Wette. Überbetonung das nur der Starke überlebt. Ob im Wettkampf oder privat. Schnell wird aus Spaß eine Völlerei und ein Vergleich der Dominanzen. Gefahr des Egozentrischen.
- **Mentalitätsziel:** Authentizität, Loyalität, Durchsetzungskraft, clevere Taktik. Rücksichtnahme und Akzeptanz des Anderen ist für eine mentale Entwicklung wichtig. Führung und Selbstführung lernen.
- **Ewige Kampfgefahr / Provokationen und Aggressionen!** Immer in Bewegung. Routine, Stille und Ruhe ist schwierig und langweilig – was für Schwächlinge.
- **Lieblingsspiel/Position:** Jede, nach Interesse und Talent. Gerne im (Sturm-) Zentrum mit Zug nach vorne.
- **Versteht sich primär gut mit** „C9-Stratege", C2-Macher, C3-Teamplayer und C4-Perfektionist.

Mentale Strategien + Training / Tipps für Trainer

- **Mentale Prägung:** Der Stärkere gewinnt und setzt sich durch!
- Führungsspieler und kämpferisches Vorbild / Führung lernen
- Geht voran und zeigt mental-körperliche Präsens. Will beeindrucken.
- Animiert sich starken Gesten und Aussagen
- Trainiert gerne mehr als andere – muss es auch. Er braucht die Gewissheit, körperlich/mental stärker und vitaler zu sein als sein Gegner.
- Fels in der Brandung – an ihm können sich Mitspieler ausrichten. Sind sehr charismatisch.
- Loben wenig
- Entscheiden gerne selbst und schnell. Zu viel reden und zu viel Demokratie ist hinderlich und Rederei.

In mentaler Top-Form

- Extrem entschlossen, führungsstark und zielgerichtet: DAS WILL ICH!
- Spielt körperbetont, schnell und kompromisslos im Zweikampf, setzen ihre Ellenbogen ein
- Agieren konsequent, energisch, mutig, loyal/nachhaltig und machtvoll
- Hoher Zugang zu seinen Instinkten – Tore en masse
- Ist ein Wettkampftyp, der Duelle liebt und will
- Ist sehr selbstständig und autonom – Neigung zu Einzelgängertum. Quasi: Bosse/Könige haben keine Freunde.
- Sehr gerecht statt Schuldfrage – Zugang zu Empathie
- Wollen ihre Potenziale ausbauen. Grund: innere Stärken ausbauen

Teamplay

- Wir sind Kämpfer und stellen und erfolgreich den An- wie Herausforderungen.
- Akzeptiert Teammitglieder, die den unbedingten Erfolg wollen und sich voll einsetzen
- Team = militärische Einheit / Truppe inkl. Kodex + Freund-Feind-Bild
- Straffes Teammanagement / Regiment

- Gerechtigkeit und Respekt wichtig – Teammitglieder den Rücken stärken
- Jeder hat seinen Platz, seine Rolle und seine Aufgabe. Alles hängt zusammen. Wenn du nach oben willst, dann setze dich durch
- Auch fürsorglich, aufbauend, humorvoll, kommunikativ und umsorgend
- Gehen für das Team und Freunde durchs Feuer
- Mag keine Verräter, aber liebt den Verrat. Legen daher viel wert auf Loyalität und Kodexverhalten
- Prüft mittels Provokationen wie stark jemand an sich glaubt und eine Herausforderung annimmt.
- Testing für: Kann ich mich auf dich verlassen?
- Pflegt tiefe Freundschaften, auf die man sich erprobt verlassen kann

Kommunikation

- Sprechen die Dinge direkt an. Nehmen kein Blatt vor den Mund. Beziehen klare Positionen.
- Mag dominante/militärische Gesten und Bewegung in der Körpersprache
- Mimik, die Entschlossenheit ausdrückt – direkter Augenkontakt wird immer gesucht
- Werden gerne vollständig und umfassend informiert – haben auch ihre Informanten

Unter Druck

- Zu aggressiv und zu angespannt – Gefahr von Muskelverletzungen
- Emotional unkontrolliert.
- Tendenz zu Rache und Vergeltung
- Lautstark kritisierend und fluchend
- Alles wird zu einem Machtkampf / Für mich oder gegen mich!
- Wenn Selbstsicherheit vorhanden ist, dann auch: aufbauend und animierend.
- Mögen es überhaupt nicht, wenn man sie warten lässt oder respektlos behandelt.

Mentale Handicaps

- Wird ungerecht und beleidigend – sieht schnell rot
- Verkrampft und unflexibel – mit dem Kopf durch die Wand
- Mag es nicht, wenn sich sein Körper schwach und krank anfühlt – wird dann leidend
- Neigt zu Faulheit, wenn er über keine Ressourcen verfügt, selbstunsicher ist und Ziele hat
- Leugnet Abhängigkeiten und agiert maßlos
- Ängstliche bzw. misstrauische Kämpfer mit Führungsanspruch sind latent egozentrisch und paranoid
- Gefallen sich in der Rolle des „einsamen Wolfes!", der allein ist und alles selbst, auf seine Art und Weise erledigt.
  Oder agiert als Despot/Tyrann!

Konfliktverhalten und Kritik

- Die Anderen sind schuld. „Du hast…!"
- Eye to Eye – Fight-Duelle, auch um sich zu motivieren
- Streiten sich gern und intensiv – Alles wird ausgefochten
- Wird lauter und nimmt eine Sprache der Bedrohung ein – in den Worten wie in der Körpersprache / Imponiergehabe
- Will beeindrucken und den Austausch gewinnen, auch wenn er Unrecht haben sollte.
- Einschüchternd, bedrohlich, despotisch, stur, unfair und sehr kontrollierend

NOTIZEN

Erkenntnis-/Leistungsmotiv
und
3 Mentalitäten

M7 / Der INNOVATIVE

M8 / Der LOYALE

M9 / Der STRATEGE

MENTALITÄT 7:
Der INITIATOR
(Optimist / Innovative / Regisseur)

Mentalität

- **Leistungs-, erkenntnismotiviert** und wurde mit der Dominanz- und Machtmotivation *reformiert*.
- **Selbstkonzept/Identität:** „Ich bin glücklich, optimistisch, vielfältig und innovativ!" Motto: Carpe diem!
- **Anerkennung:** durch Innovation und erfolgreiche Projekte. Glücksgefühl als Ideal und Messskala für ein schönes Leben. Lust auf Neues, Visionen und Wünsche!
- **Hauptemotion:** Freude und Neugier. Oder die Kombi Angst und Wut.
- **Grundangst:** Vor einem schmerzvollen, glücklosen Leben mit vielen Beschwernissen. Und er mag keine Langeweile, was sich schmerzvoll und unruhig anfühlt.
- **Anspruch:** Mag Alternativen und Optionen. Agiert daher gerne unvorhergesehen, spontan, kreativ. Das Neue, das Innovative, das Erleben wie jede Option macht das Lernen attraktiv. Neue Erkenntnisse durch Erlebnisse. Die Theorie und jede Studie ist grau.
  Entsprechend bevorzugt er als Trainer/Spieler variantenreiche Taktiken, auch innerhalb eines Spiels/Turniers. Taktiken und Aktionen, die den Gegner überraschen.
- **Identifikation!** Carpe diem, Projekte, Alternativen.
- **Motivation:** Das Leben selbst und gerne mit anderen zusammen erleben! Freude bewegt das Glück. Muss sich wohlfühlen und aus sich heraus agieren dürfen. Mag keine engen (taktischen) Korsetts.
- **Gefahr, zu lebensgierig zu sein und zu schnell die Lust zu verlieren.** Spielt dann chaotisch, Kreisklasse statt Weltklasse – unbeständig – auch in einem Wettkampf/Spiel. Neigt zu Versprechungen.
- **Mentalitätsziel:** Innovation, Lebensfreude, Kreativität, Stärken/Mentalitäten integrieren.
  Beständigkeit lernen, innere Ruhe, Fokussierung/Disziplin und die Dinge zu Ende bringen! Auch wenn es schmerzt oder langweilig ist. Mag keine ewigen Verpflichtungen. Wechselt daher Ansichten und Vereine am schnellsten.

- **Begeisterung!** Immer in Bewegung. Routine, Stille und Ruhe ist schwierig und langweilig. Will nichts verpassen, was ihn inspiriert und aktuell begeistert. Mag Überraschungen!
- **Lieblingsspiel/Position:** Torwart, sehr gerne offensiv, kreativ und als Spielgestalter. Auch mit kreativen Pausen im Spiel, aber das schönste Tor geschossen.
- **Versteht sich primär gut mit** „C2-Macher" und „C1-Individualist".

Mentale Strategien + Training / Tipps für Trainer

- **Mentale Prägung:** Genieße das Leben und nutze deinen Freiheiten. Hat in der Kindheit durchaus anderes erlebt, u.a. Rücksichtnahme durch chronische Krankheiten eines Familienmitglieds oder sich selbst.
- Denkt spontan, optimistisch und positiv – Passt scho!
- Findet schnell neue Lösungen. Verhaftet nicht an Problemen. Können verschiedene Lösungen integrieren, wenn es passt.
- Co-Führungsaufgaben stabilisieren bzw. trainieren mentale Festigkeiten und Detailorientierungen. Eine Garantie ist es aber nicht.

In mentaler Top-Form

- Spielt begeisternd bis brilliant, intuitiv, mitreißend, positiv spontan
- Zieht den Wettkampf gleichmäßig durch – auch emotional. Keine Wechselhaftigkeit, sondern agiert verlässlich.
- Sammelleidenschaft! Auch Titel, wenn er es als lustvoll empfindet
- Zeigt Dankbarkeit, wenn es ihm gut geht und sich angenommen fühlt. Ist genügsamer und innerlich ruhiger
- Führen mit Visionen/Zielen, Charme, Enthusiasmus und Vernetzungen.
- Nutze deine Chance – jetzt!
- Sind achtsam, auch für Bedürfnisse anderer. Können auch Pflichten aushalten und entsprechend handeln. Auch selbstdiszipliniert

Teamplay

- Bringt Begeisterung ins Team. Lockerheit und Spielfreude.
- Bringt Menschen zusammen und fördert Integrationen von neuen Teammitgliedern.
- Mögen flache Hierarchien und Offenheit. Erleben statt verbieten. Das fördert das Miteinander.
- Benötigt von den Führungspersonen Anerkennung und gestalterischen Spielraum

Kommunikation

- Mag Wortwitz und Small Talks
- Mag große Gesten und Bewegung in der Körpersprache. Spricht gerne mit dem ganzen Körper und mag Berührungen.
- Korrigiert nicht direkt, sondern zeigt Alternativen und Lösungen auf.
- Geht gerne auf Fantasien ein

Unter Druck

- Frustriert und passiv. Wendet sich anderen Dingen zu. Muss lernen damit umzugehen.
- Agiert lustlos und entscheidungsschwach. Entzieht sich der Verantwortung.
- Werden narzisstisch, rebellisch, fordernd (der andere muss die Erwartungen erfüllen), beleidigend, intolerant und absolut selbstgerecht
- Mürrisch, intolerant und ungeduldig
- Ein Leben ohne Optionen lähmt sie, sie mäkeln an allem herum oder es verstärkt ihre ruhelose, selbstzerstörerische Neigung.

Mentale Handicaps

- Wird gierig / GIER ist ein mentales Problem! Gerne alles sofort.
- Stark lustorientiert: Warum soll ich mich quälen (Langeweile/Schmerzen)?
- Mag keine Pflichten und Verpflichtungen/Notwendigkeiten. Das behindert seine Freiheitsmotive.
- Kontrolle, Befehle, Einschränkungen demotivieren sie.
- Ihre Gedanken drehen sich nur um ihre eigenen Bedürfnisse und Pläne. Glauben im Besitz der Wahrheit zu sein. Werden dogmatisch, lassen keinen Widerspruch zu und agieren leicht gereizt.
- Wiederholungen, die keinen Spaß machen und monoton sind, erschöpfen sie

Konfliktverhalten und Kritik

- Flüchten bei negativen (inneren) Gefühlen. Retten sich in „freudige" Aktionen. Beschwichtigen schnell.
- Geht Problemen aus dem Weg. Sieht dich verständnislos an und schüttelt mit dem Kopf.
- Gehen Kritiken aus dem Weg und haben viele „Ausreden und Erklärungen" parat. Man muss diskutieren. Setzen ihren Charme und Humor ein.
- Relativieren
- Ziehen sich zurück, wenn ihre Erststrategie nicht wirkt.
- Werden wütend, wenn ihre Qualitäten und ihre Mentalität nicht anerkannt werden

NOTIZEN

MENTALITÄT 8:
Der LOYALE
(Skeptiker / Kontrolleur/Beschützer / Advocat/Provocateur)

Mentalität

- **Leistungs-, erkenntnismotiviert** und wurde mit der Beziehungsmotivation *blockiert*.
- **Selbstkonzept/Identität:** „"Ich bin loyal! Aber auch ein Zweifler!"
- **Anerkennung:** durch Vertrauen und Verlässlichkeit, Teamplay gibt Sicherheit und Geborgenheit.
- **Hauptemotion:** Angst und Wut
- **Grundangst:** Vor Illoyalität, Allein gelassen zu werden und das Vertrauen von Anderen missbraucht wird.
- **Anspruch:** Arbeitet hart und nach Vorgaben. Agiert/Spielt pflichtbewusst, eindeutig und planvoll-taktisch. Erlaubt sich keine Normabweichungen. Absprachen müssen eingehalten werden.
- **Identifikation!** Über Beziehungen und Vertrauen, die er durchaus fürsorglich, aber auch kleinlich/widersprüchlich gestaltet. Macht sich schnell Sorgen.
- **Motivation:** Kann schnell die wirklichen Motive erkennen und analysieren. Sicherheit und sich aufeinander verlassen zu können, motiviert sein denken und handeln. Mag sichere und loyale Beziehungen.
- **Versteht es zu provozieren,** um die wirklichen Motive und Hintergründe herauszufinden. Agiert als „Advocat diaboli".
  Suchtgefahr!
- **Mentalitätsziel:** Loyalität, Sicherheit, Wahrheit und Aufrichtigkeit.
  Lernziel: Vertrauen können und mutig entscheiden können
- **Zweifler, Skeptiker und Rebell!** Misstraut sehr schnell. Man weiß nie, ob jemand wirklich zuverlässig ist. Ist Führungspersonen eher skeptisch eingestellt. Nehmen auch ungern eine Führungsrolle ein.
- **Lieblingsspiel/Position:** Nach Anforderung. Flexibel. Ist für das Team da. Bringt sich mit seinen Ressourcen und Talenten ein. Gehen meistens gut vorbereitet in ein Spiel.
- **Versteht sich primär gut mit** „C4-Perfektionist", C3-Teamplayer und „C5-Konstante".

Mentale Strategien + Training / Tipps für Trainer

- **Mentale Prägung:** Kann ich mich auf dich verlassen? Hintergründe, Aussagen und Motive auf ihre Richtigkeit (Vertrauen) hinterfragen
- Agieren mit Ausdauer, Zuverlässigkeit, Einsatzbereitschaft, klaren Absprachen, die unbedingt einzuhalten sind. Das Team ist der Star.
- Entscheidungsfähigkeit verbessern. Wieder Zutrauen geben lernen.
- Vertrautes und Wiederholbares/Nachhaltiges ist enorm wichtig
- Benötigen eine detaillierte Vorbereitung auf Ereignisse. Wollen wissen, was von ihnen erwartet wird und was ihre konkrete Aufgabe ist.

In mentaler Top-Form

- Handlungen sind klar, bedacht und strukturiert
- Spielt dann risikobereiter
- Bei entsprechender Vorbereitung und Training auch sehr gute Krisenmanager
- Können Zutrauen geben, treu sein und empathisch/mitfühlend agieren
- Organisationstalent
- Kooperativ und verantwortungsbewusst
- Können Entscheidungen treffen
- Nehmen das Positive war, sind energetischer und glauben an das Positive.

Teamplay

- Agiert fürsorglich, unterstützend und mit Pflichtgefühl
- Mag Teammitglieder, auf die man sich wirklich verlassen kann und die ihre Aufgaben erfüllen. Denen man glauben kann, was sie sagen und denken.
- Innere (konservative) Werte, Pläne und Regeln sind sehr wichtig. Orientierungen geben Sicherheit.
- Übertragen ihre eigenen Unzufriedenheiten auf andere Teammitglieder.
- Wollen wissen, was andere denken. Auch um ihre Verdächtigungen und Skepsis zu beruhigen. Auch Einzelheiten sind wichtig.

Kommunikation

- Typisch: Ja, aber… / wenn…, dann… / Stimmt das auch… / Machst du das bestimmt… etc.
- Stellen viele Fragen, um wirklich sicher zu sein.
- Mögen Klarheit und Details

Unter Druck

- Agieren mit Selbstzweifel und sorgenvoll. Ängstlich und übervorsichtig
- Unentschlossen, zögerlich und pessimistisch
- Rebellische Loyalisten auch mit Wut, Aggressionen und Drohungen. Rigide Handlungen und Aussagen wie auch autoritär
- Starr, verbissen, unnachgiebig und unflexibel
- Verlieren die Konzentration und verkrampfen / grübeln
- Bei Erschöpfung reagieren sie mit Selbstmitleid und Gereiztheit.
- Sind beratungsresistent
- Zittern ggf. schnell

Mentale Handicaps

- Agieren schnell mit Selbstzweifel und zu selbstkritisch. Oft ein ganzes Komitee an inneren Kritikern
- Problem sich zu entscheiden
- Neigen zum Aufschieben und Nichtfertigstellen
- Mögen keine Überraschungen oder Unvorhersehbarkeiten
- Lügen oder spielen eine Rolle, um innere Sicherheit zu finden

Konfliktverhalten und Kritik

- Schweigen und setzen Kontaktsperre als Waffe ein. Man isoliert sich oder andere.
- Sprechen vorwiegend über Konflikte indirekt an oder provozierend

- Sind misstrauisch und versuchen die wirklichen Absichten anderer schnell herauszufinden. Bad-Good-Cop-Variante.
- Auch nüchtern und mit kalt wirkender Logik.
- Agieren stark verunsichert und reagieren mit Fassungslosigkeit, wenn sie unberechtigt für etwas beschuldigt werden. Ggf. ziehen sie sich zurück.
- Erniedrigen sich und andere, um ihrer Angst Herr zu werden

NOTIZEN

MENTALITÄT 9:
Der STRATEGE
(Taktiker / Analyst / Forscher / Denker)

Mentalität

- **Leistungs-, erkenntnismotiviert** und wurde mit der Erkenntnismotivation überentwickelt.
- **Selbstkonzept/Identität:** „Ich bin ein Denker und Beobachter!" Klug und objektiv.
- **Anerkennung:** durch Wissen, Cleverness und Forschung. Wissen ist Macht! Fakten, Regeln und Wahrheiten geben Dir eine Richtung. Pläne, Taktik und Strategie ermöglichen den Weg zu meinen (visionären) Zielen.
- **Hauptemotion:** Angst, Scham und Neugier
- **Grundangst:** Vor starken Emotionen. Suchen die emotionale Distanz, um im Denken nicht behindert oder von Gefühlen beeinflusst zu werden. Vor Dummheit und Unberechenbarkeiten.
- **Anspruch:** Arbeitet hart und tüchtig. Lernen sehr gerne. Der kommunikative Austausch ist primär fachbezogen.
- **Identifikation!** Mit Wissen und Weisheiten. Sind der Kopf eines Teams. Unabhängigkeit und Vernunft – gehört für Strategen/Denker zusammen.
- **Motivation:** Er will mehr und mehr Wissen! In Ruhe über Dinge nachdenken. Will Wettkämpfe clever gewinnen. Die richtige Taktik nach einer sorgfältigen Videoanalyse wählen.
- **Versteht es zu argumentieren und Fragen, die zu Antworten motivieren.** Spricht ruhig, möglichst emotionslos. Zeigt im Extremen keine Mimik.
- **Mentalitätsziel:** Sie sind Spezialisten! Weniger Allrounder im Handeln. Wissen und Cleverness ist sehr wichtig.
  Auf Menschen zugehen und über Gefühle sprechen und verstehen lernen. Gedanken mutig in die Welt tragen. Die Welt ist mehr als ein Fachthema.
- **Gefahr des Grübelns und des Geizes.** Zieht sich gerne zurück und gibt erst nach reiflicher Überlegung Auskunft. Kann in Beziehung sich rar zeigen und ungerne mit Menschen zusammen sein, weil sie zu emotional und zu unberechenbar sind. Benötigt das Alleinsein auch um Energien zu sammeln.
- **Lieblingsspiel/Position:** Abwehr und defensives Mittelfeld. Agieren ausdauernd, auch kämpferisch.

- **Versteht sich primär gut mit** „M4-Perfektionist" und „M6-Fighter" – Wissen ist Macht.

  „M7-Innovative" wenn er als M9 forschend und extrovertiert unterwegs ist und „M2-Macher", wenn er das Denken erfolgreich gestalten will.

Mentale Strategien + Training / Tipps für Trainer

- **Mentale Prägung:** Ich bin clever und klug! Ich verfüge über Wissen!
- Versuchen möglichst emotionslos zu sein, zu denken und zu argumentieren. Emotionen empfinden sie als beklemmend und zu unberechenbar.
- Lieben Analysen, Strategien und Taktiken. Denken bis zur letzten Sekunde bzw. endgültigen Entscheidung darüber nach. Auch nachts.
- Sehr gute Berater, Analysten und Beobachter. Sehr verlässlich und ehrlich. Mögen selbstverantwortliches, klares und innovatives Denken. Entwickeln Dinge neu – Trainer sollten sie als „Mitdenker", auch in AG´s / Mannschaftsrat, nutzen.
- Wollen alles im Detail erfahren und erklärt bekommen. Hinterfragen auch Entscheidungen bzw. Strategien/Methoden.
- Agieren selbstkontrolliert, vernünftig, unterkühlt und stehen ungern im Mittelpunkt.
- Denken viel über Anforderungen (des Trainers) von außen nach.
- Loben sehr wenig und eher indirekt. Z.B. Das ist eine interessante Aussage/Frage/Strategie…!"
- Neigen zum Einzelgängertum, zum Rückzug und halten sich gern am Rand eines Teams auf. Verlassen sich lieber auf sich als auf andere.
- Mögen im Mentaltraining Atemtraining + Visualisierungen + Ansatzüberprüfungen zu Glaubenssätzen etc.

In mentaler Top-Form

- Spielt analytisch, schon während des Wettkampfes
- Sind schon als Spieler/Athlet Trainer
- Ausdauernd, genial, sensibel, durchsetzungsfähig, visionär, liebenswert
- Geht auf Menschen zu. Ist weniger distanziert
- Bewahren unter Drucksituationen die Ruhe. Können Taktiken ändern und anpassen

- o   Können auf Basis ihres Wissens und Erfahrungen schnell und präzise Entwicklungen voraussagen.

Teamplay

- o   Akzeptiert clevere, vernünftige, leistungs-, lernbereite Teams und Mitglieder
- o   Sind eher Einzelgänger
- o   Introvertierte Strategen reden wenig und zu 98% über Fachliches
- o   Mögen Trainer/Teams mit klaren Zielen/Analysen und einem klugen Weg zum Erfolg/Ziel.
- o   Agieren als Berater und Diagnostiker. Aber auch als Visionäre.
- o   Mögen keine Manipulationen oder Fake News

- o   Ihr Führungsstil ist geprägt von Ruhe, Vertrauen, Zielen und Plänen und der Gewissheit, Menschen intensiv auszubilden und zu trainieren. Sie führen durch sehr gute Vorbereitungen und intensive Trainings.
- o   Können ihr Team sehr gut taktisch führen.
- o   Agieren fordernd, auch autoritär, wenn der Plan und das Ziel stehen. Erwarten hohe Bereitschaft sich zu entwickeln und kooperatives Verhalten inkl. Einhaltung von Absprachen, außer es gibt gute, stichhaltige Gründe. Können dabei auch einfühlsam agieren, solange es vernünftig zugeht.

Kommunikation

- o   Argumentativ, ruhig, meist gedämpfte-monotone Stimme, fragend-sachlich-vernünftig.
- o   Kommunizieren gerne hinter verschlossenen Türen
- o   Kurze Sätze. Es sei denn, er verfügt zum Thema über ein enormes Fachwissen. Macht die Fülle der Worte aber davon abhängig, ob sich sein Gegenüber wirklich interessiert zeigt und clever genug ist.
- o   Mag keine große Gesten und Bewegung in der Körpersprache. Ausgesprochenes Pokerface mit knappen Mimikzügen
- o   Stellt gerne Fragen oder beantwortet sie autodidaktisch selbst
- o   Detailkommunikation auf den Punkt. Kein Bla Bla oder endlose Diskussionen.

- Wirkt sehr ernst und konzentriert. Leicht zu verwechseln mit schlechter Laune. Ist Ausdruck des Denkens und führt zu Distanz und Entemotionalisierung.

Unter Druck

- Grübeln, langer Rückzug, gerne in die Einsamkeit
- Werden langsam, verkrampfen, auch im Denken. Finden keine Lösung. Gedankenkarussell!
- Mögen keine Improvisationen und spontane Aktionen. Inkl. Emotionen kann man sie damit gut unter Druck setzen
- Wirken schnell arrogant, stur, geizig (auch mit Worten) und tyrannisch
- Versuchen noch stärker ihre Gefühle zu kontrollieren. Fokus geht verloren. Werden dann unberechenbar, hektisch, bekommen Existenzängste, werden zerstreut und agieren kopflos.
- Werden pessimistisch. Sehen keinen Sinn in weiteren Aktivitäten. Glauben an keine Wunder!

Mentale Handicaps

- Ihre Strategie Gefühle und Emotionen kontrollieren und beherrschen zu wollen. Verlieren damit den Zugang zu Instinkten und Intuitionen, die auch für Denkprozesse sehr wichtig sind.
- Können wenig improvisieren und mögen keine schnellen Themenwechsel.

Konfliktverhalten und Kritik

- Wortkarg, stur, den anderen als dumm ablehnend, ziehen sich zurück
- Können so argumentieren, dass der andere sich als unklug empfindet. Zeigen ihr Misstrauen.
- Stellen viele Fragen – gerne Detailfragen
- Es entstehen Machtkämpfe, wenn ihr Wissen und Analysen ohne Beweise angezweifelt werden.

NOTIZEN

Heiko Hansen

Coach | Trainer |
Mediator | Profiler

www.talenthaus.de
www.heikohansen.de
www.mentaldynamic.info
www.mentalsoccer.de

Berufliche Tätigkeit & Erfahrungen:
- Coach, Trainer, Mental Dynamic Profiler und Mediator
- Fachbuchautor
- Bildungsreferent DLRG Schleswig-Holstein
- Trainer und Mentalcoach im Profi- und Leistungssport
- MiD Ausbilder (ViQ® Sport, PST®), MeD Motivdynamic Test SPORT

Schwerpunkte und Referenzen:

Profi- und Leistungssport:
- Mental-, Führungs- und Teamtraining
- Analysen Mental/Motiv Dynamiken (Sportler, Trainer, Team)
- Mental Soccer® Konzeptionierung und Mentaltraining in diversen Nachwuchsleistungszentren: VfL Wolfsburg, Fortuna Düsseldorf, FC Ingolstadt 04, VfL Bochum
- Universum Box Promotion (2206-2012/ZDF/PRO7, diverse Weltmeister- und Europameisterschaften, Deutsche Meisterschaften)
- Profi-Vereine / Fußball: Mainz 05 (Thomas Tuchel inkl. Euro-League-Qualifikation), FC Ingolstadt 04, VfL Bochum, Hamburger SV (Relegation gg. Karlsruher SC)
- Hamburger Fußball Verband eV, Golf Club Altenhof eV, Bund Deutscher Fußball Lehrer (BDFL), Schleswig-Holsteinischer Tennis-Verband etc.

Personal & Führung:
- Führungskräfteentwicklung, -coaching und -training
- Analysen der mentalen impliziten Dynamiken (Sportler, Trainer, Team) / Persönlichkeitstestungen
- Konfliktmanagement / Mediation
- Teamentwicklung und -coaching
- Aufmerksamkeitstraining / Life-Work-Balance
- DESY Hamburg, Pelz GmbH, LINPAC Plastics GmbH, Lekkerland, In-Time Logistik, SPAR Handels AG, ASB Bundesbildungszentrum und ASB Unternehmen, Johanniter Unfallhilfe, diverse Behörden und Stadtverwaltungen

Aktuelle Themen & Projekte:
- Entwicklung „Leistungspädagogik" und Mentales Leistungszentrum Wirtschaft inkl. Ausbildung zum Leistungspädagogen
- Entwicklung von diagnostischen Reports: MiD (ViQ® Sport / Schule und Beruf) sowie MeD Motivtest SPORT / PERSONAL /ERZIEHUNG
- Mitglied in der Akademie für Potentialentfaltung (Prof. Dr. Gerald Hüther), BVMW und in der Deutschen Stiftung Mediation

Aus- und Weiterbildung:
- Diplomsozialpädagoge (FH Kiel)
- Mediator (Brückenschlag eV / Uni Lüneburg)
- WingWave Coach (Besser-Siegmund-Institut, Hamburg)
- Hypnose-Ausbildung (Milton-Erickson-Institut Hamburg / MEI)
- NLP-Practitioner (DGNLP, Jürgen Leistikow)
- ViQ / PST Profiler, PRO9 Motiv-Profiler und Entwickler
- TMS-Berater (Teammangementsystem TMS)

In jedem Leistungssektor sind Talente wie Goldstücke. Schwer zu finden und stark umworben. Jeder von uns ist talentiert und aus innerer Leidenschaft heraus zur Leistung motiviert. Im Beruf, wie auch im Sport, sichern sehr gut ausgebildete Talente mit Mentalität und Leistungsstabilität den Erfolg. rainiert durch erfahrene Ausbilder und Trainer.

Cleveres Talentmanagement ist entscheidend! Mit dem neuen Ausbildungskonzept der LEISTUNGSPÄDAGOGIK wird der WAY of TALENT im Detail beschrieben. Mentale Leistungssteuerung, soziale Kompetenzen und ein wirksames Selbstkonzept sind das Fundament für die Talententfaltung. Und: brennt bei einem Talent die innere Leidenschaft, sind Höchstleistungen keine Seltenheit.

Erkenntnisse der Wissenschaft, u.a. Neurobiologie, verbinden sich mit täglichen Praxisanforderungen. Leistungskomponenten wie Disziplin, Mentalität und Selbstverantwortung kombinieren sich zu einem konsequenten Talentförderplan - von der U10 bis zum Profi! Zehn leistungspädagogische Akzente werden mit Profi-Erfahrungen in Form von Interviews und Gastbeiträgen aus Beruf und Sport abgerundet.

Ein Buch für alle Verantwortlichen, die sich täglich mit der Ausbildung von Talenten intensiv beschäftigen: Ausbildungsleiter und Ausbilder in Unternehmen, sportliche Leiter und Trainer in den Nachwuchsleistungszentren und Vereinen/Verbänden und innovative Pädagogen.

www.bod.de/buchshop   34,90 Euro /   288 Seiten   /   Format: Din A4

MENTALNOTEN

ENDLICH: Mentale Leistungen effektiv und fair benoten!

Warum „Mentalnoten"? Mit „Mentalnoten" werden - bestehend aus drei Sichtweisen heraus - mentale Leistungen in einem Wettkampf betrachtet und skaliert. Damit bringt es Klarheit und Stabilität in die mentale Performance und stärkt gleichzeitig die Selbstverantwortung.

Was beinhaltet „Mentalnoten"? 48 bewertbare Spiele mit 7 Items/Eigenschaften, die man individuell bis zu drei Items erweitern kann. Des Weiteren ist eine Dokumentation mentaler Saisonziele und mentaler Trainingsinhalte gegeben. Ein wertvolles mentales Feedbacktool für Trainer, Spieler, Scouts, Eltern und Mentaltrainer, weil es Klarheit in die Leistungsdiskussion bringt und das mentale Training für das nächste Turnier spezifiziert.

Spezielle Angebote für Vereine, Firmen, Hersteller und Sponsoren Es macht Eindruck, wenn Sie Mentalnoten mit Ihrem Club-/Vereinslogo oder Ihrem Firmenlogo versehen. Gegen eine geringe Gebühr und Mindestauflage wird es zu einem persönlichen Bekenntnis zu mehr mentaler Stärke. Insbesondere können Sie damit das Jugendtraining mental unterstützen. Die genaue Platzierung und Größe Ihres Logos auf der Titelseite wird mit Ihnen abgestimmt.

www.bod.de/buchshop / 9,00 € / **116 Seiten, Format 12x19 cm** / Auch in Englisch / Titel: Mental Scores

Golf fasziniert und ist wie das Leben auch: Eine mentale Herausforderung. Umso motivierender ist es, wenn man das Lob hört STARK gespielt! Erfüllt dies nicht jeden Spieler sofort mit einer unglaublichen Freude?

Das Golf Mental Handicap Training enthält in systematischer Abfolge Selbsteinschätzungen, wertvolle Informationen aus der Neurobiologie, reichhaltige, mentale Übungen in unterschiedlichen Schwierigkeitsgraden sowie viele Vorlagen zum Eintragen von Trainingsergebnissen.

Das Mental Handicap Training lässt sich DIREKT mit dem normalen Golftraining integrieren - auch mit Trainingspartnern. So können Sie am Trainingsende sagen: Stark mental trainiert!

www.bod.de/buchshop   19,00 Euro /   176 Seiten   /   Format: Din A5

Literatur

Bauer, Joachim: Warum ich fühle, was du fühlst, Heyne, 2006
Friedmann, D/Fritz, K.: Denken, Fühlen, Handeln, München 2004
Gruhl, Monika: Das Enneagramm - Strategien für die eigene Entwicklung, Freiburg im Breisgau, 2008
Hagen, Steve: Buddhismus kurz und bündig, München 2000
Hüther, Prof. Dr. Gerald: Die Macht der inneren Bilder, Göttingen 2004/2008
Hüther, Prof. Dr. Gerald: Biologie der Angst, Göttingen 2007
Hüther/Krens: Das Geheimnis der ersten neun Monate, Beltz, Taschenbuch, 2009
Hüther/Michels: Gehirnforschung für Kinder, Kösel, 2009
Hüther/Nitsch: Wie aus Kindern glückliche Erwachsene werden, GU-Verlag 2009
Kegan, R.: Die Entwicklungsstufen des Selbst, München 1986
Krens, Armin: Was Kinder brauchen, Cornelsen, 2007
Krens, Armin: Kinder brauchen Seelenproviant, Kösel, 2008
Naranjo, C.: Erkenne dich selbst im Enneagramm, München 1994
Naranjo, C.: Enneatypes in Psychotherapy, Prescott, Arizona, 1995
Palmer, Helen: Das Enneagramm in Liebe und Arbeit, München 1995
Palmer, Helen: Das Enneagramm im Beruf, München 2000
Rohr, R. u. Ebert, A.: Das Enneagramm, München, 1989, S.200 – 207
Roth, Prof. Dr. Gerhard: Persönlichkeit, Entscheidung und Verhalten, Stuttgart 2007/2008

Foto Titelbild: Fotolia.de
Foto Logo und Bücher: Heiko Hansen / Adobe Stock / Fotolia

NOTIZEN

NOTIZEN